看的是歐洲‧想的是中國

看的是歐洲‧想的是中國
中國知識分子與中西文化

陳樂民

香港城市大學出版社
City University of Hong Kong Press

國際統一書號：978-962-937-443-3

出版

　　香港城市大學出版社
　　香港九龍達之路
　　香港城市大學
　　網址：www.cityu.edu.hk/upress
　　電郵：upress@cityu.edu.hk

Rethinking China in the Context of European History and East-West Culture

(in traditional Chinese characters)

ISBN: 978-962-937-443-3

Published by

　　City University of Hong Kong Press
　　Tat Chee Avenue
　　Kowloon, Hong Kong
　　Website: www.cityu.edu.hk/upress
　　E-mail: upress@cityu.edu.hk

Printed in Hong Kong

目錄

代前言

我為甚麼要進入文明史的研究

二十多年前，我在寫《戰後西歐國際關係》時，即時想到一個問題：所謂「國際關係」或「國際問題」，放到社會科學裏，能不能算做一門「獨立的學科」？當時初建西歐研究所時，大家的共識是把研究的時間範圍設定在第二次世界大戰以後；而實際上，大家越來越把關注點放在當前的「熱門」話題上，只跟蹤眼前發生的事情。於是我產生了一種印象：這似乎等於把新華社以及當時所能看到的外國通訊社的消息（大部分又都能在《參考資料》上看到）當作基本材料，編寫成各類專題性的文字，這樣的工作至多是一種資料的整理，很難說是學術性的、理論性的研究。

我還覺得，作為社會科學的國際問題研究，應該不同於外交部的國際問題研究所那樣的實用性的工作。所以，在我的腦子裏一直有一個「在社科院裏國際問題的研究應該是怎樣的」的問號。

對於我個人來說，從寫《戰後西歐國際關係》時起，就越來越覺得，國際問題的研究必須和社會科學的「五大支柱」即文、史、哲、政、經結合起來，或者說需要有這些基本學科的滋養和支撐。我曾同當時負責領導「國際片」的社科院已故副院長李慎之討論過這個問題。他很贊同我的看法。他說：「研究

國際問題的人，首先應該是『通才』。」還説：「研究者需有文史方面的修養，而『國際』則代表是一種廣闊的世界眼光。」後來我寫了一篇〈拓寬國際問題研究的視野〉，説的就是這個意思。

所以，國際問題研究，要搞出水平來，是一件很困難的事。這有兩層意思。其一，學者本人的文化素養問題，一個中國學者需要中西兼顧。國際問題研究是研究世界上的事，但是一個中國學者不可不通曉中國的歷史文化、中國的文獻、中國的哲學。嚴復曾經抱怨那時中國留學生只懂西文和洋概念，不懂中學，結果或者成為西人的羽翼，或者學得些屠龍之技，回來一無可用，結果不過是包裝金光熠熠，實際上沒有多少實貨的傳聲筒。過去看喬冠華、蕭乾等人寫的國際小品，覺得很耐看，不落俗套，原因之一就是他們有很深的文化素養和見識。

其二，「國際關係」是人類社會或文明發展史中的屬於國際政治的「零部件」，必須把它放在世界文明史的大框架裏去考察。脫離了文明和社會，就只剩下了浮在表面上的關係。例如研究歐洲，它本身就是一個文化概念，或文明概念。一個研究者應該有歐洲的歷史文化和社會發展方面的儘可能充分的知識和思想準備。我在幾乎快寫完《戰後西歐國際關係》時便開始考慮歐洲的文明問題，或者是轉向歐洲文明範圍內的問題，於是便脫離了單純跟蹤眼前現實的路數。

正是在這個時候，資深編輯鄧蜀生先生受浙江人民出版社之託組織一套「當代世界名人傳記叢書」，約我寫《戴高樂》和《撒切爾夫人》兩本。基於上述的研究思路，我把戴高樂和撒切爾夫人（編按：Margaret Thatcher，港譯戴卓爾夫人）既分別放

在法蘭西和不列顛歷史文明的傳統裏，又放在他們所處的時代背景裏，通過這兩個人傳達兩種文明。

　　1984 年 6 月，我訪問法國臨近結束時，拿到了一份請帖，請我參加巴黎大學「爭取獨立與和平論壇」討論會。討論會的總題目是「歐洲：文化的內在同一性和現代性」，副題是「同一性中的多樣性；多樣性中的同一性」。我覺得新鮮，便去參加了。到會的除法國學者外，有英國、德國、意大利、希臘等國的學者，我沒有發現除我以外的非歐洲人。討論會分為三個小組，主題分別是：文化的內在同一性；民主、和平和歐洲建設；歐洲面臨的新挑戰。我走馬觀花，三個小組的討論都聽了一些。發言的人從不同角度談歐洲有哪些有利於歐洲聯合的因素，有哪些內外因素使它們非聯合起來不可。同時也有許多人慷慨激昂地講了有哪些障礙和難題使歐洲依然無法聯合。總之是從歐洲自身出發談歐洲的歷史、現實和未來的問題。當時正值西方一些報刊聳人聽聞地大談「歐洲的衰落」，再加上新科技革命的壓力和「重點轉向太平洋」之議，「歐洲怎麼辦」的問題簡直無法迴避。我聽到的發言幾乎無例外地都說腦子裏要有個「歐洲觀念」，即超越民族界限的「歐洲觀念」。

　　何謂「歐洲觀念」？到圖書館一看，講這個問題的書真不少，我一目十行地瀏覽了一本法國史學家寫的《歷史中的歐洲觀念》，又看了一本《歐洲的先行者》。後來在倫敦的圖書館狼吞虎嚥地又看了幾本書。這些書內容豐富，但散得很，一路說開去，對於「歐洲觀念」這個概念本身，率皆語焉不詳。我想：「歐洲觀念」大概就是巴黎論壇上說的「歐洲人何以為歐洲人」的意思吧。

然而，所謂歐洲畢竟包含許多「民族國家」。因此「歐洲觀念」勢必含有兩層意義——既是歐洲的，又是民族的。

某個星期天，我到倫敦塔去遊覽，在一條長椅上歇腳，旁邊坐着一個英國老者，我們漫談起歐洲人的不同特色來。這時走過一群穿紅着綠的青年遊客。老者指着他們說：「如果他們不是講的某種歐洲的民族語言，簡直分辨不出他們是哪國人；都是一個樣兒，看不出民族來。」

不過，法裔美國學者斯坦利・霍夫曼（Stanley Hoffmann）對我說：「別小看了英吉利海峽，一水之隔，民情迥異！」

我多次問過一些英國學者，今天的英國人是否仍然認同當年邱吉爾（Winston Churchill）的一個觀點，即英國和歐陸的關係是「with」而不是「of」。他們說問題提得微妙，英國人是歐羅巴人，但不是大陸的歐洲人；切莫忽視了歷史傳統的差異。

當今世界，由於科學技術的發達，人的時空觀念已經大大改變；用不了一個小時的飛行就可以從巴黎到倫敦；特別快車可以一天穿過幾個國家。無論有沒有一個組織起來的「共同市場」，這個「市場」自然就在那裏。「歐洲聯盟」乃是歷史發展的自然邏輯的產物。青年一代對於半個世紀前的「戰後」情況，只在書本上看過，或聽老人們講過，如今那理解已大不相同。當代法國人和德國人相處的心理狀態和相互關係，與普法戰爭以來直到第二次世界大戰結束時的情形相比，早已起了根本變化。法國中學生對阿爾封斯・都德（Alphonse Daudet）舉世聞名的短篇小說《最後的一課》（*La Dernière Classe*）的感受和體會，肯定不會像他們的前輩那樣。歐洲人的相互「趨同」和「認同」意識，在相當大的程度上取代了歷史上民族「對立」的情緒。

　　然而，當你看一場歐洲足球賽的時候，觀眾席上沸騰的激情，人心的向背，會使你突然發現歐洲的民族主義的感情猶如無法抑制的洪水。更不要說在涉及民族利益的根本問題時，只需根據發言人的談吐和舉止，就一下子能判斷出是哪個國家的立場了。

　　所以，「歐洲觀念」反映的是兩種含義的交織：歐洲有自己的「認同性」，歐洲主義者側重這一面；歐洲又是不同民族國家構成的，民族主義者堅持這一面。歐洲主義和民族主義的悖論是歐洲的常態，綜合在「歐洲觀念」裏。

　　歐洲文明史上的時分時合，有「一」有「多」，分中有合，合中有分，是了解歐洲歷史哲學的一個線索。雖然有失淺顯，但它是經過我自己的探索而抽出來的一條線。於是我先是把粗淺所得，寫成了一篇文章，題目叫〈「歐洲統一」觀念的歷史哲學論綱〉，發表在《中國社會科學》上，並受到了一些朋友的注意。他們建議我把這篇文章擴大成一本書，這樣可以說就有了我研究歐洲文明史的第一本書，即《「歐洲觀念」的歷史哲學》。經過若干年，認識在不斷發展，於是在上個世紀末又有了我和周弘合著的《歐洲文明擴張史》和最近出版的後者的增訂本《歐洲文明的進程》。也許今年年初，我去年在北京大學國際關係學院的講課紀錄稿也將輯印成書，書名《歐洲文明史論十五講》。在後幾本書裏，我都涉及了我晚年所歸結的一個思索命題：「歐洲何以為歐洲？中國何以為中國？」這肯定是我有生之年作不完的文章。

2004 年 1 月

從比較到超越比較 ——
關於中西文明

中西文化之交相格義之學

關於中西文化史問題，我曾數易己見。

一開始，幾十年前在國際民間友好活動中就有文化交流一說。於是，我們有關漢卿、英國有莎士比亞（William Shakespeare）之類的「佳話」便被搜羅出來；當然，中國某古書上記載了某國的某事，某國某人曾提到過中國的青花瓷瓶之類均被視為「原來咱們早就相識」的證明。至於伏爾泰（Voltaire）居然把《趙氏孤兒》改編為洋戲，儘管面貌全非，卻仍可表明伏爾泰對中華文化之「熱愛」。當然，如但丁（Dante Alighieri）《神曲》（*Divine Comedy*）早在何時就有了中譯本之類的事，更要弄個清楚，以備同外人交往時（如宴會舉杯祝酒時）說上兩句，那是很有助於渲染氣氛的。這些，無疑都是有意義的。

後來，就不大滿足於停留在淺層次上，發現比較法更加有學問，而且各種中西學問之比較迅即成為時尚。市面上出現了這樣那樣的講中西文化比較的書。特別是在所謂「文化熱」中，中西文化交流一類幾乎一哄而上。我於是也想湊湊熱鬧，思想也還止於佳話式的追溯。腦子裏出現了兩條路。一條通向了利瑪竇（Matteo Ricci），看了些材料，覺得該為這些「披着宗教外衣」的傳教士講些公道話，他們終究曾在中西文化之間搭過橋，功不可沒。另一條則從錢鍾書先生的《管錐編》、《談藝錄》

得到啟發。錢先生旁徵博引、中西貫通，但他卻告訴人們中西文化之間實在不大好比。錢先生本人也沒有說《管錐編》就是中西文化的比較。當然，若中學中有一說，也可於西學中發現相類之說，事不鮮見。錢先生信手拈來，都有奇趣，以證「東海西海，心理攸同；南學北學，道術未裂」。此是最高境界，至此，天地境界之中萬物皆一，萬物實備於我矣。然而在達到這境界之前，卻隔着厚厚的一層，在這厚厚的一層裏，中西之間存在着很難逾越的殊異。錢先生所做的，也只如他說的：「非作調人，稍通騎驛。」所以，中國與西方的比較，更多的是顯見其歧異，進而剖解兩種文明的特質。這裏，研究的意義首先不在於別優劣：中西文明各自產生於各自的土壤中，在此為優者，在彼不必亦為優者，甚至可能結出謬種來。研究者的功夫，首先是還其本相，懂得兩種文明的本相。

這個交流（或比較）的階段，其實就是相互格義的階段。比翻譯進一步，也深一步。說到底，就是主體格義客體。我格義你時，我是主體；你格義我時，你是主體。格義得怎麼樣，也就見出格義的水平。既可能格義出兩種文明的融通處（不是淺層次的），又可格義出兩種文明的各自殊特義。總之，比較和交流的價值絕不是把兩種不同質的文化硬往一塊兒扯。過去曾引過錢先生《談藝錄》批評王國維附會叔本華（Arthur Schopenhauer）以闡釋《紅樓夢》為「作法自斃」諸語，是很中肯的。錢先生說：

> 夫《紅樓夢》佳著也，叔本華哲學玄諦也。利導則兩美可以相得，強合則兩賢必至相厄。此非僅《紅樓夢》與叔本華哲學為然也。西方舊謔，有士語女曰：「吾冠世之才子

也，而自憾貌寢。卿絕世之美人也，而似太憨生。倘卿肯耦我，則他日生兒，具卿之美與我之才，為天下之尤物可必也。」女卻之曰：「此兒將無貌陋如君而智短如我，既醜且愚，則天下之棄物爾。君休矣。」吾輩窮氣盡力，欲使小說、詩歌、戲劇，與哲學、歷史、社會學等為一家。參禪貴活，為學知止，要能捨筏登岸，毋如抱楔溺水也。

　　我想，比較與交流之義，端在更能深刻闡發兩美、兩賢之所以美，之所以賢，而非強加附會也。這是我近來的悟解。

1992 年 1 月 5 日

中西文化思想史之再觀察

中西文化比較之第一義是形式上的叫觸性的交流 —— 如中國古代絲綢之路所做的貢獻。絲綢、蠶繭之類是看得見的。有些交流也可帶來觀念上的變化，如趙武靈王胡服騎射。這於思想之交通並無大補。史家熱衷於詳細地描寫以示中西交通之「源遠流長」，可起某種談資的作用。

次乃及於上層建築，如風俗習慣之傳播，此則有地緣上的關係，太遠了便達不到。風俗最不易受外來影響，比任何哲學的、宗教信仰的力量都大而深。宗教信仰可以改變，風俗卻不易跟着變。明末清初皈依了西教的中國人卻改不了祭天祭祖祭孔的習慣。羅馬教廷就把這看得十分嚴重，以為這損害了天主教的「純潔性」。中國人則認為信奉天主教是可以的，但是你不能「數典忘祖」。康熙的容忍度相當大，他的子民可以信洋教，但不可不拜祖先，不可不崇拜孔子，不可不孝敬父母，不可不忠於皇上……風俗、習慣、禮數，濃縮起來就是法統的體現，道統的體現。這在中國是一個很有趣的現象。徐光啟皈依了天主教，用意是「補儒易佛」。徐是講經世致用的，他不喜歡佛家之只講虛理，而利瑪竇則是把《天主實義》同一些自然科學的知識一起帶來了，這就大有助於弘揚儒家的齊治平的入世觀。至於也皈依了天主教的楊廷筠則想兼收並蓄，要把儒道釋耶來個「四合一」。楊不像徐那樣有名，可是他這個想法在中國人的

思想意識裏，卻是行得通的。實際上後來不少信了基督教的知識界中人，都只不過是在中國哲學文化之外再加上基督教的觀念而已。這已經從風俗說到哲學的觀念了。

這就是說，中西文化從物質的交通，進到了思想領域裏的交通了。一進入這個領域，情況就複雜得多了。

首先互相看對方，是異質的。交流是不同的東西之間的交流。接觸到新東西，自己沒有，這才引進，雙向的便叫互通有無。既然「互通」了就必定有比較對照。物與物比，比較容易；形而上的東西相比就困難多了。於是便有了比較法，先在可以參比的、可以相通的範圍裏比。譬如說戲劇，中國有關漢卿，西方有莎士比亞。比有兩法，或比其相通處，或比其相悖處。或求同，或立異。

然後是深一層的比。同也罷，異也罷，總要究其何以同，何以異。於是思想不限於某一領域，而是徜徉於廣義而深層的文化空間（歷史的、政治的、人文的）。從根本上說是遊蕩於中西哲學空間之間。

到了這一步，就又要從「通」到「隔」，即異質文明之所以異。這就是錢鍾書先生所謂「利導則兩美可以相得，強合則兩賢必至相厄」，所謂「參禪貴活，為學知止，要捨筏登岸，毋如抱樑溺水也」。錢先生此處意在不要把小說、詩歌、戲劇，與哲學、歷史、社會學等一律混在一處比附，推而及於兩種哲學體系之間之不宜強加比附，怕也同此一理。

也就是說，到了這一步，就需還中學、西學各自之本相。嚴復所謂中學有中學之體用、西學有西學之體用是也。

到達這一境界乃是更深一層的，既不是只執中西其中之一端，也不是進行皮毛的比附，雖然難免要互相格義，終是不離各自的體統血脈。然而總是治中學時，心裏有個西學；治西學時，心裏有個中學。即把各自的體用弄得一清二楚，而不是把不同體用的名詞概念互相套用。例如，「資本主義」一詞就已是用濫了的一個名詞，用到極致時莫過於「走資本主義道路的當權派」。籠統地把私有觀念，乃至意識裏的個人主義都掛在資本主義上頭，十分不通。因為應把資本主義看作一個歷史過程中的體系，並不是任何土壤裏都可以長出資本主義來的。資本主義產生於歐洲中世紀以後，是經過了若干個特定的歷史階段才成為今天這樣子的，橫向移動過來的一些東西，到了另一個地方，那裏並沒有產生它們的同樣的歷史條件。若把它們同資本主義的發展史掛起來是可以的，說它們本身就是資本主義就不準確了。所以，歐洲那樣的資本主義不可能生長在別的地方（美、加、澳、新都是沒有自己的歷史傳統文化的地方，可以例外）。

所以，在這種境界裏，就需把各自的社會及其文化特徵考察一番，以見其體用之異。各自的體用都是歷史地產生的。過去曾有人在中國歷史中也劃出一個中世紀來，即不妥。因為中世紀有其特定的歷史內涵，和文藝復興、啟蒙時期一樣，都是特定歷史的產物。西方有的，中國不一定有。廣義地借用一下雖無不可，從學理上深究，則不可。猶之中國有宋明理學時代，如何能在西方也開一個「理學」時期呢？因此，將西方劃分時代之方法移於中國，不知不覺地即墮入以西學為主體的圈子裏了。

再進入一種更深的境界，才能達到中西學在學問之極致中打通的境界。錢鍾書先生說的「東海西海，心理攸同，南學北學，道術未裂」的境界，不是輕易所能達到的。尋常人但求東西學之眉目相類或相異，都只是皮毛的，即淺層次的，即我之所謂可為談資者，離心理的、「道術」的通解還隔着十萬八千里。能進入到這一層，治中西思想文化者庶幾可以大徹大悟了。這於我們只是一種仰之彌高的信念，那也許就是老子無以名之而強以字之的「道」；或竟如西哲萊布尼茨（Gottfried Wilhelm Leibniz）的所謂「先定和諧」。

然而我相信，這種境界絕非莫測高深地講幾句禪語般的空話可致，而是需在通解東西兩學各自的體用之後方能望見。而通解各學體用則是最需花大力氣、費時間的事。否則，就只能停留在一般性的，或者形式上的比附。此類作品，中西皆有，汗牛充棟。

於此，我覺得，一個治西學的中國學人必得通曉西學，而治國學者也必得通曉西學。如今所需倡明者，應是系統的國學和系統的西學。尤其需在國學上着力，因為：一是國學已經斷代；二是中國學人不諳國學，則無法消化西學，打通云云，不過空話而已。

這裏還有一個如何看待中國哲學的問題。

中國哲學有它的特點，用西方哲學的體系去衡量，是沒法理解的。從形式上看，中國哲學不像西方哲學那樣有康德（Immanuel Kant）、黑格爾（Georg Wilhelm Friedrich Hegel）等的成本大套的著作，零零碎碎，語錄式的，不用說《論語》、《孟子》、《老子》，就是朱熹編的《近思錄》、黃梨洲編的《學

案》，也不過是「名言集錦」之類。再者，中國沒有西方那樣的分科。中國沒有獨立的哲學、獨立的政治學，等等。你想找甚麼，都到裏面自己去找。所以馮友蘭先生說，中國哲學家的任務之一，就是給這些沒有系統的東西理出一個系統來。中國哲學沒有西方那種詳於思辨的習慣。一個道理翻過來倒過去地說，惟恐你嫌他沒有講透，這是西方的習慣。「盡在不言中」，「書不盡言，言不盡意」，話留半句，這是中國的習慣。中國也有洋洋灑灑的宏文，但那是講實際的事（如諸葛先生的《出師表》、司馬遷的《報任安書》等等），不是講虛理的。凡講虛理的，多尚簡約。

有一種看法說中國不大講虛理，這不盡然；相反，中國哲學講虛理，可以講得非常之「虛」。這也恰恰是中國哲學的一大特點，或優點。就是它可以虛到具有超過西方哲學的既大且遠的包容性。它可以給你依據不同的歷史時期神思馳騁的天地。正由於虛到極致，因而可以為了不同時期的實而開出新意。黑格爾是頭號大哲學家，但是他理解不了中國哲學，因為他太執着於體系；萊布尼茨的哲學成就遠不及黑格爾，但他能比黑格爾更理解中國哲學，因為他不拘泥於體系，而給理解以更機動靈活的天地。

所以，這是中國哲學的一大特色或優點。它的包容性涵蓋了縱橫兩個方向。縱的是不同的歷史時期，橫的是天地人生。這兩方面的豐富內涵都有待開掘，而這是從古到今都沒有開掘透的。

我對中國哲學的容量，理解得太晚了。至少就研究學問而言是如此。鑒此，在研究中西文化思想史時，需胸有中國哲

學的主體，方能搔到癢處；再與西方哲學相對，方能有較深的
體悟。

1992 年 7 月 18 日

中西文化交流中之不平衡與前瞻

　　在中國與歐洲的各種關係中，文化的交流是歷史比較長，也是比較普及的；交流的內容十分廣泛而龐雜，因為「文化」本身就是一個不易界説、包容性很強的概念。康德的意見比較嚴格，他認為，只有能造福於人的東西才好稱為文化；文化應該有人文價值，它的內核最終繫於每個民族的歷史傳統和哲學觀念。所以，中西文化交流本質上是兩大價值體系的交流。

　　文化交流不同於政治談判和經濟貿易，它沒有那麼實際，沒有那麼迫切，也沒有一方對另一方的「義務感」和「約束力」。政治、經濟的談判、簽約等等，都是比較硬性的，目的明確。文化的交流是軟性的，機動性比較大，不必勉強求同，也不必刻意立異，交流的雙方除了簽有協定外都用不着承擔甚麼義務，不像政治、經濟那樣受到許多很具體的規定的制約；文化的流動性很強，它不一定非得通過談判才能從一個民族傳給另一個民族，傳播的媒介也多樣而靈活。一般來説，政治氣候對文化的傳播雖然可以產生或輕或重的影響，但是卻不可能杜絕它。所以，文化相對於政治和經濟而言，具有相當程度的自主性。例如，一國同另一國的官方關係可好可壞，但卻不致因而對兩國的科學成果、學術水平等等的評價也相應地有所改變，當然在實際的傳播上或許要受到些影響。

　　再者，由於文化不像政治經濟那樣直接地關係着「國計民生」，所以時常被人有意或無意地看作餘事。殊不知，文化的交流正由於它可以滲透到人和社會生活的深處，所以對於不同民族間在人文領域裏的相互認識和感染，常可起政治經濟起不到的作用。對於異國的在人文方面的印象（不論這些印象準確與否）往往可以留傳得相當久遠而深刻；有些印象即使時過境遷仍然滯留不去。我到歐洲去便時常發現幾十年、上百年前對中國的印象，甚至馬可·波羅（Marco Polo）、利瑪竇等人帶回的信息還在那裏起作用。之所以如此，原因當然不止一條，但足可見印象一旦形成，就很難改變，直至變成偏見。看來人對物質條件的變化比較容易感覺到，對人文條件的變化則察覺得要遲緩得多。

　　這樣說也就反視出文化交流的價值；建立一種印象，或改變一種印象，文化交流都與有力焉。所以，文化交流雖然是軟性的，需長期以見其功，但卻為人類文化生活之不可或缺。

　　中西文化交流進行得如何呢？評價一下也未嘗不可，總有成績可說的。不過不能用估價經濟貿易的成績那樣看數字，文化交流是需要更長期地看效應的。成績如何，主要看對外界的知識有沒有增加，吸收了多少有益的營養。當然這方面成績不能全算在文化交流的帳上。反過來看，若不進行文化交流，則各國間的文化隔閡顯然會比現在嚴重得多。問題是在我們同歐洲的文化交流中有一種不平衡的現象還一直存在。講交流，無非是「西學東漸」和「東學西漸」。所謂不平衡就是說這兩股運動不平衡。一般來說，東方對交流的要求比西方迫切，因而東

方對西方的了解超過西方對東方的了解。這裏有歷史因素，包括歷史因素造成的心理因素，這主要指的是雙方的出發點不同。

中國的出發點（或目的）非常明確，從十九世紀中葉起就是為了自強自立而要求了解外界；從洋務運動直到今天改革開放，雖然社會政治制度發生了根本性的變化，但是以改造和興建富強的國家為急務，卻無不同。認識外界與對民族興衰榮辱的繫念一向是緊緊相聯的。因此非得向西方實行拿來主義不可。這也是我國經世致用的傳統文化觀在文化交流上的表現；於是交流甚麼，輕重緩急便也以此為準繩。

換一個角度看問題，則會發現西方文明一旦被拿來，對中國之舊學，就必帶有破壞的性質，從而加速了中國「禮崩樂壞」的進程。像李大釗說的，「時代變了！西洋動的文明打進來了！西洋的工業經濟來壓迫東洋的農業經濟了！孔門倫理的基礎就根本動搖了！因為西洋文明是建立在工商經濟上的構造，具有一種動的精神，常求以人為克制自然，時時進步，時時創造。到了近世，科學日見昌明，機械發明的結果，促進了工業革命⋯⋯」這樣的衝擊力量，自然不是孔學倫理所能抵擋的。從那時起，建設取代舊文化的新文化的任務就在舊學根基倒塌中提出，雖則誰也不能清楚地說出中國的新文化該是甚麼樣子。這個艱巨而複雜的任務至今還遠未完成，其問題不斷受到文化以外的現實矛盾的掣肘、干擾和阻滯。照我想，這個新文化不應排斥，而是要發揚民族歷史傳統中格物致知、生生不已的哲學思想，而更為切要的則是吸收和消化新的營養，更新自己的血液，強固自己的肌體。這是另一問題，此處不深談。

西方了解外界的出發點卻不同，它不是要從西方以外去尋求自強自立之道，而是要施影響於外界。它的文化是外向的，例如基督教文明總是着意於一種使非基督教的民族基督化的使命；或者竟出自一種向非歐洲文明中獵奇的心理。從十六世紀起，無論是努力在中國典籍中「求同」的利瑪竇、萊布尼茨、伏爾泰，還是刻意與中國典籍立異的龍華民（Nicholas Longobardi）、馬勒伯朗士（Nicolas Malebranche）；無論是對中國知之不多的康德，還是放言評說的黑格爾；無論是引中國社會為模範，還是貶之為「守舊落後的化身」，都無例外地把中國劃在他們眼界所及的世界以外。像黑格爾說的，中國和印度是處在世界歷史以外的國家。萊布尼茨那樣熱衷於在宋明理學裏搜尋基督神學的理性，他的最終目的則是為了尋找在中國適合基督教種子的哲學土壤。這在他的許多通信中都曾一再提起。總之，在西方看來，中國是西方基督教文明的「化外之地」，是世界盡頭的一個神秘國度。這種「歐洲中心主義」心態直到今天還時有它的影子；當談到某事有世界意義時，這世界二字只限於西方文明所覆蓋的地域。所以相對而言，歐洲人對待中國文化較少有如中國人對西學那樣的熱忱和急於吸收的迫切心情。

這樣的現象在歷史上有其必然性。馬克思（Karl Marx）和恩格斯（Friedrich Engels）在《共產黨宣言》（*The Communist Mainfesto*）中講到資產階級是「生產方式和交換方式的一系列變革的產物」時寫了這樣一段話：

> 資產階級使鄉村屈服於城市的統治。它創立了巨大的城市，使城市人口比農村人口大大增加起來，因而使很大一部分居民脫離了鄉村生活的愚昧狀態。正像它使鄉村從屬於城

市一樣，它使未開化和半開化的國家從屬於文明的國家，使
農民的民族從屬於資產階級的民族，使東方從屬於西方。

這裏的有些用語，現在看來可能有些刺眼，那說的是十九世紀
中葉西方資本主義向外擴張的形勢，同時，也是世界文明的發
展和進步的趨勢和進程，走在前頭的總要影響走在後頭的。所
謂「從屬」，是物質文明改造世界的決定性作用所帶來的現象。
無論走甚麼道路，任何一個正常發展的民族總是要從農業社會
轉變為工業商業社會。中西文化交流的不平衡狀態──「西學
東漸」和「東學西漸」的不平衡狀態──正是從這條不平衡的
基本線上產生的。也正因此，在「西學東漸」和「東學西漸」
這兩股運動中，前者的勢頭一直是超過後者的。

自從中國人民站立起來以後，這種不平衡的狀況已經大有
改變；但是中國文化在世界上的地位和價值仍然沒有得到應有
的認可，這一方面有歷史慣性的原因，文化的進步一般比文明
的進步要滯後許多。本文前述新文化建設之雜亦屬此。另一方
面很大程度也是因為今天的世界（其中當然包括中國自己）太
過分地看重功利，眼光只盯住可以觸摸得到的利益，以致凡屬
「遠水不解近渴」的精神價值必為所掩。更何況，今天的世界基
本上還受着西方文明中心主義的統治，西方文明以外的文明仍
常被視為一種點綴陪襯，或被當作異國情調加以玩賞。

總括來說，無論是價值體系的根本不同，還是文化交流的
不平衡狀況，都正說明中西文化交流不是一件力強而致的事，
它比起政治、經貿領域的關係來，更加需要時間和耐心，需要
博大的容量和細水長流。要改變交流的跛腿現象，必須雙方都

付出長期努力。讓西方徹底改變歐洲中心的心態，平等地對待和尊重非西方文化，談何容易！我們只能反而求諸己，用我們自己的進步迫使他們改變那種傳統的心態。為此，在我們中國這一方，就要爭一口氣，使自己趕快富強起來，讓經濟繁榮帶出一個全面的「文藝復興」來——從自然科學，到哲學、社會科學、人文學科的全面繁榮。未來的中國應不單是經濟大國、科技大國，而且是教育發達、古老文化復興、新國學昌盛的國家，比今天充分得多地展示出它符合改革開放新時代的新文化體系。到那時，幾個世紀形成的中西文化交流的不平衡格局，就會水到渠成地出現變化。

從更積極的意義而言，中西文化交流是兩大優秀文化的交流，是兩大美學原則的交流。「二美並」應該引出人類文化的新局面。萊布尼茨在幾個世紀以前就曾希望有一兩個偉大文明攜起手來共同建造合乎理性生活的人類社會。雖然這顯得十分理想主義，然而理想總是美好的、吸引人的。

我常想，從哲學意義上說，中西文化交流應該放在人類文化史的大框架裏；它的意義不應只限定在一些文化交流的具體內容上。人類文化從遠古到今天，有源有流，形成了若干主要的民族的、地域的異質文化體系，各自有其歷史的長期合理性，有其興衰隆替的歷史。然而，從文化演進的歸趨或最高境界放眼，至少中西兩大文化體系可以在哲理深層裏打通。事實上也有一些學通中西之士在作這樣的探索。在這種「上下與天地同流」的境界裏，民族、地域之別，思想語言的壁壘都不足道，都將無礙於最高理念的大化流行。這種境界當然只能訴諸遙遠的明天，目前只能作為歷史哲學的思考；然而，思接千

載，視通萬里，中西文化的深層底蘊是應當可以神交的。錢鍾書先生有兩句話可以借用來講文化交流的兩個層次。「利導則兩美可以相得」，這是現在要做的。「東海西海，心理攸同；南學北學，道術未裂」，這是文化在深層次的哲理中打通的境界，是我們憧憬的境界。

人類文化史是要以世紀計的，不該希冀不可企及的東西。但是卻可以期待，中國和歐洲的各方面關係在下個世紀比以往任何時代都會有更大的發展。

《中國社會科學季刊》，1994 年 2 月刊

中西文化‧察異會通

　　今天在談起中西文化的交流和比較時，時有人借用錢鍾書先生的名句：「東海西海，心理攸同；南學北學，道術未裂。」

　　陸九淵曾言：「東海有聖人出焉，此心同也，此理同也。西海有聖人出焉，此心同也，此理同也。南海北海有聖人出焉，此心同也，此理同也。千百世之上有聖人出焉，此心同也，此理同也。」意思是一樣的。錢氏四句，精練多矣。不過陸九淵點明需「聖人出焉」才能有這樣的通感。總之都是說明天下學問掘到深處是可以打通的。

　　熊十力先生提出要對中西兩學「察其異、會其通」：

> 西洋哲學家，有重視知識者，亦有反知而尚直覺者。其致力處雖與陸王不可比附，要之，哲學家之路向常不一致，而尚直覺者，雖未能反諸德性上之內照，要其稍有向裏的意思，則與陸子若相近也。重知識者，比吾前儒道問學之方法更精密。然朱子在其即物窮理之一種意義上，亦若與西洋哲學遙契。人類思想大致不甚相遠，所貴察其異，而能會其通也。

　　這幾句話算是把中西學問看穿了。熊先生的門人牟宗三先生索性提出：「中西融通之橋樑乃在康德。」牟先生《圓善論》中的「圓滿的善」，大略相當於《大學》裏的「止於至善」，在

康德就是「最高的善」，他的術語叫做「人類理性的立法」，表現在社會形態上就是「大同世界」，下面管着道德和自然。康德在《純粹理性的建構》中有這麼一段話：

> 人類理性的立法，或者說哲學，有兩種現象，即自然與自由，因此，它不只含有自然法則，也含有道德法則。這兩種法則首先表現在兩個不同的系統中，到最後便匯入一個整一的哲學系統裏。自然哲學討論的是「是甚麼」，而道德哲學則討論的是「應當是甚麼」。

牟先生說用康德的這個「建構」（architectonic）可以把中國哲學撐起來，這段話是足可說明問題的。同熊先生那段話對照觀覽，則更令人醒豁。

以上說的是在學問的深層底蘊和建構上的通感，若講比較，卻不好強作類比或比附，如說西有莎士比亞，我有關漢卿之類，那只夠為中外人士表示友好和善意時的點綴罷了；如此比較，雖燦然可觀，終略嫌皮相。

王國維先生學貫中西，冠冕時輩，但他以叔本華釋《紅樓夢》，錢先生以為「強合」：

> 王氏附會叔本華以闡釋《紅樓夢》，不免作法自弊也。蓋自叔本華哲學言之，《紅樓夢》未能窮理窟而掘道根；而自《紅樓夢》小說言之，叔本華空掃萬象，斂歸一律，嘗滴水知大海味，而不屑觀海之瀾。夫《紅樓夢》，佳著也，叔本華哲學，玄諦也：利導則兩美可以相得，強合則兩賢必至相厄。此非僅《紅樓夢》與叔本華哲學為然也。

「利導則兩美可以相得，強合則兩賢必至相厄」，大哉斯言，治中西之學者，於此不可不慎。所以，察異、會通，不得偏執一端，更不能相互抵消。

近時翻閱清末孫寶瑄《忘山廬日記》，有謂：

> 愚謂居今世而言學問，無所謂中學也，西學也，新學也，古學也。皆偏於一者也。惟能貫古今，化新舊，渾然於中西，是之謂通學，通則無不通矣。仲尼、基督、釋迦，教異術也。貫之以三統，由淺入深，不淆其序，三教通矣。君主、民主，政異治也。民愚不能自主，君主之，唐虞三代是也。民智能自主，君聽於民，泰西是也。而凡所以為民，是政通矣。號之曰新，斯有舊矣。新實非新，舊亦非舊。惟其是耳，非者去之。惟其實耳，虛者去之。惟其益耳，損者去之。是地球之公理通矣，而何有中西，何有古今？

照我看，這段話的最要緊處是「惟其是耳，非者去之」。「是」是理性的標準，也是是非判斷的標準。如果能做到是其所是而非其所非，則中西分殊，正可互補，「拿來主義」，曷害之有？

【按】孫寶瑄，字仲嶼，生於1874年（清同治十三年），卒於1924年。他本人沒有甚麼名氣，他的老丈人李瀚章是李鴻章的哥哥，曾任兩廣總督。葉景葵序云：「甲午平壤喪師，（瑄）上書主和，謂晚明恥與本朝言和，以致亡國。為主戰派所訶。」又說：「君極佩李文忠甲午之戰主和，而反對與俄訂密約。庚子以後，深知文忠之聯俄，有救國之君心……」前見「李二先生非漢

奸」之文，孫寶瑄定深然之。他當過工部行走和在郵傳及大理院供職，接觸西學，每有所感，曾為梁啟超《時務報》撰稿，同情戊戌維新，主張君主立憲。民國初任寧波海關監督，歿於任。

1996 年 3 月 22 日

哲學・歷史・政治

日前與一位法國漢學家舍弗里埃（Yves Chevalier）交談。他提出一個看法，說哲學應該與歷史相聯繫，缺乏歷史感的哲學家，往往陷在脫離時代的抽象概念裏不能自拔。他說黑格爾對於東方哲學的看法就犯了這個毛病，因為他不大了解東方的很有光彩的歷史。黑格爾是西方中心主義者，他對於東方歷史的認識是很膚淺的。

其時，我正看一些有關斯賓諾莎（Baruch Spinoza）的材料，不懂那個時代的歐洲史，斯賓諾莎的意義也就有限了。例如，斯氏在 1665 年開始寫《神學政治論》（*Tractatus Theologico-Politicus*），向傳統神學叫陣，這就是歷史背景。而歷史背景通常又總是政治的背景：《神學政治論》是為了配合聯省（荷蘭）共和國首腦約翰・德・維特（Johan de Witt）的共和主義政治主張而寫的。這對斯氏的一生都是一個重要的舉動：他先是從科學和宗教兩個方面接近哲學的，後來則轉向對宗教的分析和對教會的批判，目的是爭取哲學家的思想和言論自由。於是哲學鬥爭和政治鬥爭就結合在一起了。

中國的哲學歷來大半是政治哲學，或說，政治哲學是佔上風的。這與「士」和「仕」是連在一起的。「學而優則仕」，即使是未「仕」之學，或不「優」之學，眼睛也總是看着官的。中國古之有名的文人，不做點官的布衣很少，隱士也多是由於

種種原因進不了宦途才隱居山林的。西方哲學之反映政治，則不見得是哲學家想做官，倒常與某種政治理想有關。斯賓諾莎是其中一例。伏爾泰、康德都不想當官，但都有自己的政治理想。黑格爾之蔑視東方哲學（也蔑視東方歷史）與他的抬舉西方文明有關，而在抬舉西方文明時又把日耳曼文化看作「絕對精神」的最高代表，終是為大普魯士的民族主義服務的。在黑格爾，哲學、歷史、政治都「三位一體」地結合在西方主義裏了。

舍弗里埃說的脫離歷史感的「哲學家」，在中國是不少見的，但是非政治傾向的哲學家卻不多。就是在探討哲學問題時也總要牽扯到現實政治上去。有些哲學研究者們，即使在研究西方哲學、窮究其名詞概念時，也終究要直接地或曲折地攀附到政治上去。純粹的哲學家比從前少了。

有人說，西方哲學講分，中國哲學講合；西方哲學主動，中國哲學主靜……這都是現象。深究起來，並不盡然。倒是當代某些時期的中國哲學，自從引進馬列主義以來，一度習慣了「鬥爭哲學」，經常是無處不「分」，無處不「動」，無處不「鬥」了。

1988 年 2 月 10 日

讀史散記

病中亂讀書，抓來便看，不逾數頁即放下；或一跳數頁，揀有趣的看 —— 不管看甚麼，都與史聯着。怪甚，亦趣甚。

歐史一主線是日耳曼史。日耳曼遠古自亞洲悄然流動至北歐一帶，不知逾幾多年數，或許不少於人類的發展史吧。至公元前百數年，已與羅馬人有了交往。此時的日耳曼人還過着遊牧人的生活。據考古發掘，如在今丹麥一帶，已有金屬工具屬日耳曼人所用。以上或為日耳曼人之第一時期。

羅馬統帥凱撒（Julius Caesar）征高盧，屢與日耳曼人部落遭遇，戰甚頻。《高盧戰記》（*Commentarii de Bello Gallico*）有不少關於日耳曼人之記述：彪悍、善戰、打了便走，屬於遊牧狀態，然似已有一定的「根據地」，且其活動範圍顯已滲到西歐的南地了。可以想見，日耳曼人已學着羅馬人過生活的樣子，受着羅馬文化的薰陶了。至塔西佗（Tacitus）時，即公元一世紀期間，日耳曼人已從過遊牧生活逐漸過渡到定居生活，尤其是那些早已深入到西歐「腹地」的日耳曼人。

這一時期 —— 從凱撒到塔西佗時期 —— 可稱為日耳曼人的第二時期。對此，恩格斯說：「日耳曼人從凱撒到塔西佗時期，

在文明方面有了顯著的進步，而從塔西佗到民族大遷徙（公元 400 年左右）以前，他們的進步更要快得多。」[1]

於是，從塔西佗到民族大遷徙以前的三百年可算是第三時期。日耳曼人學會了在陸地上做生意（那些久居波羅的海沿岸各部落早已會造船、做買賣了），有了很粗糙的手工業。他們同羅馬人的交流頻繁多了。日耳曼人和羅馬人的交流和相互影響，為日耳曼—羅馬文明的形成作好了準備。

這顯然是日耳曼人向整個西歐 —— 羅馬帝國的屬地 —— 實行大遷徙的前奏。隨着羅馬帝國的式微，一場日耳曼民族大遷徙已勢不可擋。由日耳曼世紀取代羅馬世紀的勢頭已然在望。日耳曼正在羅馬廢墟上成為西歐的主人。

幾乎與日耳曼人在西歐的活動同時，斯拉夫人在東部也正進行大規模遷徙。但他們的行動遠沒有那麼集中有力，他們遇到的阻力比日耳曼人大，且更易受到小亞細亞和日耳曼的兩面壓力。

—— 從日耳曼跳到早期基督教。基督教受過羅馬的迫害，卻向羅馬政權學到了嚴密的組織才幹；由於它把祖先 —— 古希臘羅馬 —— 流傳於民間的神秘宗教文明都提煉、改造、融合在自己的教義裏（如《新約》），並且通過《啟示錄》把這一切都

---

1 《馬克思恩格斯全集》，中文 1 版，第 19 卷，北京，人民出版社，1963 年，552 頁。

集中為基督的旨意，因此它的理論便具有很高程度的普及性。基督教受過羅馬政權的打擊，但在日耳曼人那裏卻不僅沒有受到排擠，反而被吸收進日耳曼的文明裏，隨着民族大遷徙而傳播到四面八方。湯因比（Arnold J. Toynbee）說，對於西歐來說，基督教是從異鄉來的。然而，它的思想的和民眾的根子卻縈在西方。

黑格爾記述，拿破崙（Napoléon Bonaparte）一次與歌德（Johann Wolfgang von Goethe）談論悲劇的性質。拿破崙發表了一個見解，他說，悲劇發展到他那個階段已與古代不同，區別就在於當代已不再承認人類絕對屈從於命運了，政治佔據了古時命運的位置。拿破崙認為，政治必須被用來作為悲劇中的命運的新形式，這是每個人都不能不為之俯首的「不可抵抗的環境力量」。

歷史是政治的歷史，悲劇的核心是政治。不理解這一點便是理想主義。或者說，只有理想主義者才不懂這一點。

——中國歷史不能像西方史那樣分期。中國沒有歐洲那樣的「中世紀」，也沒有歐洲式的「文藝復興」。中國文化思想的繁榮期——是春秋戰國那幾百年：真正的百家爭鳴，諸子百家沒有定於一尊。熊十力十分厭惡「六國小儒」，說是把孔子的禮運經、周官經、春秋經給唸歪了，按照他們的意思給竄改了：大道（烏托邦共產主義）變成了小康（有階級的社會）。秦皇燔書，到了漢代，劉向父子索性把孔子改得面目全非了。熊氏已是不絕口地痛罵六國以下的「小儒」。不過我想，「六國小儒」的「竄改」，不是在儒家思想專制時期的「竄改」，它改不了那個偉大的時代。這同劉向父子之改，便大不相同。春秋戰國以

後，中國的思想，無論怎樣花樣翻新，再也沒有先秦時的鮮活性和革命性了，一直在儒道釋的混成體中爬來滾去，有時出現正統儒學的掙扎，如韓愈。而朱夫子一出，又進一步把儒學推向抽象理性化，並形成道統。春秋戰國時的思想界的生機始終沒有再見。

1991 年 9 月 14 日

行己有恥與文明意識

　　德國人類社會學家、社會歷史學家艾利亞斯（Norbert Elias, 1897–1990 年）於 1933 年寫成了他申請教授資格的論文《宮廷社會》（*Die höfische Gesellschalt*），未及答辯即去國流亡；1936 年他的代表作《文明的進程》（*Über den Prozess der Zivilisation*）在一家當時專營德國法西斯禁書的出版社的協助下問世。或許是由於戰亂的緣故，艾利亞斯在盛年似乎是博學而無所成名，直到六十年代才引起西方學術界的很大興趣，特別得到了法國年鑒派史學界的推許；《宮廷社會》和《文明的進程》兩書相繼迻譯為英、法等文本。從這個角度上說，艾利亞斯也算是大器晚成了。

　　《文明的進程》的情況，《讀書》過去曾有介紹（1991 年第 8 期和 1992 年第 2 期）。我最近得暇，粗粗看了這本書和《宮廷社會》，讀後歸結出一個想法，就是人只有能自我約束，才能成為文明社會的人；行己有恥才會產生文明意識——「恥」，就是知所止，恥於做甚麼、恥於不做甚麼，有所規範，有所約束。這看來被動了些，但卻是最起碼的，也是最必要的。我們的古訓：知止而後有定，定而後能靜，靜而後能安，安而後能慮，慮而後能得。「得」即止於至善，所以得者，德也，可別訓為文明和文明意識，一個有序的社會應該是一個有文明意識和

文明秩序的社會。艾利亞斯通篇都講「知止」與「文明」的關係，他的發明是從人類社會學和心理學接近這個道理。

《宮廷社會》和《文明的進程》都從解剖西歐十一世紀到十八世紀的社會結構的演變及其對人的心理影響入手來講文明的誕生和發展。前一本書是大綱，後一本書是引申。說簡明些，就是講西歐社會怎樣從「不文明」到「文明」的過程。所謂「文明」徑直就是「野蠻」的對立概念；它是隨着社會的前進而生成，而發展的。艾利亞斯把這個人人都知道的道理提高到學理的水準來解析。他的一個中心思想就是，人與人之間的各種各樣的相互依存的關係，是人進入文明階段的第一條件，也是人類走向社會化的關鍵一步。從此，人不能再像還未脫盡動物習性那樣自由自在了，而是要「知所止」，要受一些自然形成的行為規範的制約。所謂規範，不是來自任何前定的計劃，不是誰腦子裏設計出來的，而是由於社會發展了，隨着人與人之間的交往、接觸，便約定俗成地形成了某種約束機制和自我約束的習慣，就好像一種社會成員都默認的不成文的「契約」。作為社會公德的文明意識也就從這裏開始了。誰不依這些規矩而恣意行為，誰就會覺得不好意思，在眾人面前丟了臉，從而在心理上感到有一種壓力，於是產生了「羞恥之心」。因此，艾利亞斯認為，人際關係（社會分工）、人的行為的自我約束（自律）、人的羞恥之心（行己有恥）這三者的連鎖效應構成了孕育文明意識的社會的和心理的條件。

自我約束，知所止，就會使人講起了禮貌，進退應對有了許多講究，言談舉止有了文野之分。其實，人類社會，無論

南北東西，從野蠻進到文明，都是走這條路，可以說是人類的共性，不過有早有晚罷了。譬如中國到達禮這個階段是比較早的。《禮記》所謂「禮不逾節，不侵侮，不好狎」、「道德仁義，非禮不成」，人因而變得「文明」起來；且明確說，「明禮」是「知自別於禽獸」的標誌。《禮記‧曲禮》講的便是春秋前後貴族的飲食起居待人接物諸般禮數。

在歐洲，當然同樣有這個階段，最早始於何時，艾利亞斯沒有說，他是從西歐中世紀講起的。艾氏從中世紀留下的文字中摘出了許多關於日常生活瑣事和民俗性質的記載，說怎樣的舉止算是文雅的，怎樣是粗鄙的。艾氏的用意是要透過民俗來看文明發展的程度；意在說明，在有這些文字記載以前，這類事似還沒有提上日程；後來社會發展到相當程度，人們便十分留意這類問題了，並且也是從貴族之「明禮」開始。按照艾利亞斯的考究，「civilisation」這個字在中世紀的前大半個時期還沒有出現過。它是從宮廷裏的「禮」（courtoisie）和爾後一般性的「禮」（civilité）衍化而來的。總之，「文明」的源頭是「禮」。法語中的「courtoisie」即源於宮廷（court）這個字。「宮廷社會」裏有王公，有伺候王公的侍臣（courtisane），上下左右都有一定之規的禮數。侍臣要取悅於皇上，不管心裏怎樣想，外表都執禮甚恭。所以，courtoisie 當初有「討好」、「獻殷勤」的意思，是有意「做」出來的。所以，起初的「禮」帶有強制性，知所止是被迫的，日久天長才成了習慣和秩序。宮廷裏先實行起來的一些禮儀和應對的規矩，經過貴族、騎士階層漸漸流傳到社會上，市民階層隨着市鎮的出現和興起也學一些高雅的儀態和談吐，於是 civilité（禮）代替了 courtoisie。宮廷裏的習慣

影響社會上的市民階層，這在法國特別明顯，在一些文學著作裏常可見布爾喬亞[1]效顰宮廷貴族的描寫。德國則不同，德國的市民保存自己的階層本色比法國的要多。大約到十七、十八世紀，「文明」這個字詞普遍使用起來了，不僅取代了前兩個字的地位，而且含義也寬得多了。

　　在艾利亞斯引用的文字裏，十六世紀人文主義者伊拉斯謨（Erasmus）的一本 1530 年出版的小冊子是最具權威性的，及於社會的影響也最廣。有些片段不禁令人為之解頤。例如有一節專門講「吃相」的，説大家在一起吃飯時要有規矩，不要急不可待地去「搶食」（那時還沒時興「分食制」和用刀叉，大家都用手抓）；不要狼吞虎嚥地大吃大喝；如果盤子裏只剩下一塊肉，要懂得謙讓；嚼東西時要斯文些，不要吧唧吧唧地作響讓人聽着不雅，等等。除了「吃相」外，還寫了好些其他日常生活裏該注意的事，諸如切忌隨地吐痰、隨地便溺、任意甩鼻涕、在公眾場合大聲喧嘩等等。看到這裏，我不由得想到了今天，都快二十一世紀了，可是這類陋習在我們的「首善之區」還遠遠未絕跡，足見養成文明習慣之難！艾氏用了三章寫這些東西，好像有意囑咐那些不懂社會公德的孩子。這些看起來雞毛蒜皮，反映的卻是當時的民俗和社會進化的狀態。艾利亞斯可算小中見大。

1　編按：布爾喬亞是法語 bourgeoisie 的音譯，意指資產階級。

　　總之，文明是隨着萬物之靈的人結成社會關係而來的。艾利亞斯説，只有到這時，人類社會才成為「體現自為自律的人與人各種相互依存關係的總和」（《文明的進程》，德文版下冊，第 374 頁）。至此，人類也就不僅成為社會的人，而且由於思維的縝密化而成為有知識的人、理智的人；人類社會，作為整體而言，亦完全擺脱了天然狀態而進入文明的社會。用艾利亞斯的術語説，人的社會行為的「心理學化」（psychologisation）走向了「理性化」（rationalisation）。「文明的進程」既然是隨時空的變遷而發展的，「文明」便永遠不能是現成的和凝固的東西，而永遠處於沒有止境的運動之中。任何時期和地區的文明都只是進程中的一個點或某一個階段。社會越向前進，文明的濡染性和傳播性越強，文明越要不斷吐故納新。常有這樣的事：一些舊的、過時的風習漸漸退去，新的、應運而生的風習悄然流行。而且不同地區（國家）之間，不同社會階層之間，文明的相互影響、相互滲透，是沒有界限的，也是不以誰的主觀意願為轉移的。一般説來，走得比較快的總要帶動走在後面的，強的影響弱的。當然反方向的運動也是有的，但情況和程度都不同。總之，文明的屬性是前進的。我以為，艾利亞斯的書之所以得名正在此。

　　但是，艾利亞斯由於側重於西歐社會結構及其對人的心理影響和壓力與文明生成的關係，因而對於在社會結構與文明之間起中介作用的教化之功説得有欠充分；好像人從動物的自然狀態演進為文明的人，完全是在人際關係中自動完成的。或者説，生物的人之變為社會的人完全是被環境逼出來的。這在理論上並不錯。問題是在逼的同時，也產生了出自人的主觀想像

力和能動性的教化，推動着文明的進步。甚至可以説，假如沒有一以貫之的教化，則文明不僅不免是脆弱的，而且肯定不能發展，人的「理性化」程度至少會受到很大的限制，還可能開倒車。

這裏順便提一下，艾氏在書的開頭曾用了些篇幅講「文明」與「文化」是一對相對的命題——文明是外表的，文化是內在的。這是一種德國的老觀念。艾氏引用了康德這樣一段話：

> 我們由於藝術和科學而有了高度的文化，在各式各樣的社會禮貌和儀表方面，我們是文明得甚至於到了過分的地步。但是要認為我們是已經道德化了，則這裏還缺少很多東西。因為道德這一觀念也是屬於文化的；但是我們使用這一觀念卻只限於虛榮和外表儀式方面表現得貌似德行的東西，所以它只不過是成其為文明化而已。（《歷史理性批判文集》中譯本，第 15 頁）

可見，艾利亞斯對文明的理解沒有超出康德這段特定的話。但是，完整意義的「文明」自然遠超出了外表儀禮的範圍，而具有了文化的底蘊。我們今天理解的文明畢竟不止於牆上貼着的「文明禮貌用語」，而是有文化教育強有力的支撐。沒有文化的文明是不可想像的。實則康德哲學是極重教化的，康德是非常看重文明經過教化之功昇華為道德化（理性）的完滿性的。康德晚年提出「人是甚麼？」的命題時，正是認為人類學的歸趨最終應該是人的道德的完善化，即本文開頭講的「止於至善」。艾利亞斯在書的結尾雖然也圓上了這層意思，但草草終卷，不免使人有意猶未盡之感。

　　説得既簡明而又全面的，還是莫過於咱們的孔老夫子。一天，他和冉有到了衛國，「子曰：『庶矣哉！』冉有曰：『既庶矣，又何加焉？』曰：『富之。』『既富矣，又何加焉？』曰：『教之。』」真可謂言簡意賅，比管子的「倉廩實而後知榮辱，衣食足而後禮義興」多了一層教化。說實在的，「倉廩實」未必一定能使人「自動地」分辨榮辱，「衣食足」同樣未必一定能使人「自動地」懂得文明禮貌。倒是相反的事時常可見；例如直到今日，「為富不仁」者有之，舉止去野人不遠的西其裝革其履者有之，物質極大豐富而精神極度貧乏者也有之。對於人類的這一部分，怕都是由於缺了「教之」這個環節的緣故。

　　艾利亞斯的書，我是在住醫院時隨意翻看的，當時看的是法文譯本。譯者給艾氏的上、下兩冊分別另擬了書名：上冊叫《風習的文明》(*La Civilisation des Moeurs*)，下冊叫《西方的動力》(*La Dynamique de L'Occident*)。後來得到了原文本，書名是：《文明的進程 —— 社會生成學和心理生成學的探索》(*Uber den Prozess der Zivilisation: soziogenetische und psychogenetische Untersuchungen*)。我的德語水平只夠上街買菜用，所以我的理解仍是依法文譯本來的，個別地方也查對了一下原文。至少我覺得法譯本把原文的章節安排列成相對獨立的兩本書，終不及原文之渾然一體。

　　這本書很有趣，提供了歷史研究的社會心理學視角。看時就覺得該推薦給可能感興趣的出版社，出院後得知三聯書店已打算請人譯成中文，可見已先得我心。我想，若把《宮廷社會》也譯出來，則艾利亞斯的思想脈絡就更清晰而完整了。

《臨窗碎墨》，1994 年

探尋中國的「自性」（identity）

近日感到有些煩惱，心裏空落落的，有時竟不知該做些甚麼事方好，文章也不樂意寫。心緒亂是因為耳所聞、目所見很亂，或許「新秩序」就該這樣，或者這個階段是不可避免的，事情會好起來的，「麵包會有的！」

然而煩惱終是煩惱，煩惱不可能變成快樂。為甚麼會這樣？皆因做了一個夢，醒來時發現周圍變得不認識了——人或者十分粗鄙，目不識丁或識也不多；或者腰纏萬貫，頤指氣使；或者都自顧自，公德、私德都是「傻帽」。最使我輩書生齒冷的是，「文化」滿天飛——吃喝拉撒飲食男女莫不「文化」，只是看不大見中國文化在哪裏——傳統的，懂的人越來越少，且多翻成了白話文（中國古典變成白話，往往十分滑稽，或味同嚼蠟，並非發揚傳統的正道，反會使人偷懶）；新文化，至今還很難說。中國文化在變味兒，變到一聞便知不是中國的正味兒。聽說，幾個中國青年女子在柏林跳霹靂舞、奏搖滾樂，柏林人大惑不解：這是中國的？

中西文化交流，中國拿甚麼去交流呢？四書五經肯定不行了。那麼今天行時的文化有多少能代表中國？當然問題最終還在於：中國的新文化在哪裏？

不要講哲學，那實在太深奧，就講文學和藝術罷。按照康德的定義，哲學、文學、藝術才是民族文化的主體。我們的

文學藝術，老實説也不能算很發達。斷定發達與否，有兩個標準，一是文學藝術成果的質和量；二是它們在社會上的影響力。關於第一點，暫時存而不論。至於第二點，也不好説。不久前拿到一本宗璞散文集。宗璞的散文，行家已有定評，但印數只是區區 1,500 份！比起那本「刪節」本來，印數別同天壤。難道後者更有資格代表當代中國文學麼？

文學藝術畢竟不能就是文化的全部，何況吾國與吾民忙得沒有那麼多「閑工夫」去欣賞呢？歌廳、舞廳、卡拉 OK，着實不少，大款們在那裏揮金如土，唱的多是「我的愛……」之類，誰人能説這是中國「新文化」的代表！

日前去了一次琉璃廠。那裏曾是純純粹粹的「文化街」，每個書店的老闆都能如數家珍地講述一本書的版本沿革、流傳掌故，走進海王村便有一股墨香和書卷氣迎面撲來。每屆春節，沿着新華路是一字排開的望不到頭的書攤，好東西多得很，幾乎沒有時下書攤上擺的那些令人不忍正視的紅紅綠綠的「書」。現在卻大大不同了，相當一部分是為了賺洋人的錢的，所謂「旅遊定點單位」。一下撞進一家文物商場，深深的，長長的，店主人説着洋涇浜英語 [1] 招徠顧客，活脱兒「文物秀水街」。我着實懷念昔日的琉璃廠。

或云從舊到新，總要有一段非驢非馬的過程。但是西方的進程是一種後浪推前浪的模式。文藝復興、工業革命、啟蒙運

---

1 編按：洋涇浜英語指不純正的英語。

動 —— 一路下來，後者是前者的繼續或延伸。我們不同，不是從自己社會的內在發展、水到渠成地過來的，而是時時受到外界的啟發或衝擊，因而橫插進來許多本社會本來所沒有的東西，那情況就複雜得多了，不僅有本社會內部的新舊交錯，由於外來影響之不可抗拒，還有內外交錯。而外來的每每代表了新的潮流、新的時尚，因而吸引力和號召力特別大。於是本社會內部原有的文化特質、價值觀念便摧枯拉朽地敗下陣來。外來的促使內在的產生變化，卻不可能徹底加以改造；外來的東西一旦進來難免變味兒，而內在的東西卻已元氣大傷，再也恢復不了了。所以社會便有些像「四不像」。舊的 identity（自性）殘缺不全，新的還沒有建立起來；問題之嚴重者，是看不到重建的兆頭。

時逢東西交匯之際，而西方文明又不容置疑地佔着優勢，自性之受到沖刷激蕩幾是必然之事。休說科學技術源於西土，看看衣食住行也莫不在西方的影響之下。不要說長袍馬褂早成陳跡，勉強可以稱為中國服裝的中山裝也大部分讓位給西服領帶了。中國飯素稱「美食」，然而，肯德基、麥當勞、比薩餅，舉目可見，與國產的「生猛海鮮」之類爭奇鬥勝。小時候熟悉的玉米花，現在竟然成了美國貨；中國人最熟悉的熱湯麵成了「美國加州牛肉麵」。聽來自舊金山的朋友說，加利福尼亞從無此種「牛肉麵」！有人戲稱現在是新版「八國聯軍」，有些地方儼然「新租界」。人們的語言中添了「新」詞彙。「再見」為「拜拜」在某些人中已相當普遍。BP 機本是西產，最近有稱之為「扣機」者，原來「有事呼我」已成為一種親密關係的表示，而「呼」據說來自英文「call」，諧音為「扣」，於是「呼我」轉為

「扣（call）我」，BP機乃轉為「扣」機云。民俗中摻進了洋貨，早已不是新鮮事了。有人諷刺說，我們的語言中有越來越多的「殖民地」「次殖民地」的語言。悲夫！

中國人生活在光怪陸離的萬花筒中，猶如染上了色盲病，喪失了辨別本色的能力。

中國的自性受到外界的衝擊因而難以保全，這或是時代變遷、社會演進之必然。這方面的變化也許大部分或基本上是積極的，有些問題也許是幾乎成為口頭禪的「前進中的問題」。

另一方面，我們的自性卻似乎是毀在自己的手裏，而最最根本的是見利忘義成為時尚，真的是「人不為己，天誅地滅」。講職業道德、公共道德，成為笑柄；說話不算數、不講任何信義，倒是正常現象。「自性」最應該由知識界的狀態中表現出來。然而由於人口基數變大、整體國民素質下降，名副其實的知識分子在全人口中的比例縮小了，平均的文化教育水平降低了。由於多年來偏重技術科學，輕視人文教育，人的人文素養越來越差。號稱「大專文化」水平而寫不通一封信的，並不是個別現象；而出言不遜、滿口髒話的公民滿街都是。中國號稱「禮儀之邦」，但今天幾乎最不講禮貌的也正是我們某些中國人。就在我們的文化古都北京，老大不小的人了，還需要教他們在甚麼場合該說聲「謝謝」或「對不起」等一類「文明用語」。

這篇筆記斷續寫了數日，蓋可感者殊多，而訴諸紙筆又難以幾句話可以了結。想視而不見曰「希」，可見者比比皆是。王府井大街寸金之地，南口「麥當勞」，中段東安市場工地，乃港商投資，且聞有國際投資「改造」王府井之議。則短短一條商街，大半付與外資。港資姓華，不在此列。日前某官員會見燕

莎商城經理，稱將在京修建一歐洲廣場。方莊居民區本擬修一公園，事已寢，前傳聞，這塊地將用外資修一鬥牛場，居民聞風上書以為不可，現說已不進行了。這類事時有所聞，卻未聽說要增建文化設施者。何曾聽說建了（或擬建）多少圖書館、博物館、書店耶？

夫文化之興衰乃民族興衰之一重要標誌。民族賴文化以興，只認金錢，「大款」成了社會運行的主宰，乃是民族之危兆，絕非民族之福。今有言「儒商」者，容或有之，惟我未之見耳。金錢主義助長浮囂之氣，卻造成文化荒蕪，民族「自性」必失於此。未見有文化式微而民族之精神反而大昌者。德國人之所以別「文化」於「文明」者，蓋文化更繫於民族之特性，並為本民族之精神體現也。

中國傳統文化固已不敵今日潮流之衝擊；而足以適應今日情勢之中國新文化，迄今又尚未建成。中國的自性似被淹沒在世界大潮之中而失其蹤跡。在此種情形下放言人文精神，無乃無根之木乎？

又有以「現代精神」釋古義者，以為傳統文化必待貼上「現代化」的標籤而後可昌。立意可嘉。然而以現代精義「釋」古，所賦新意難免牽強附會。傳統便是傳統，遺產便是遺產，保存其原貌全貌，作為一種精神文化，以示中國是有歷史的民族，足矣，不必求之對現代化有甚麼直接貢獻。然民族自性必繫於此。且新文化之出亦必是推舊學而出，與文化傳統並無斷然決裂之理，而是其延續、嬗變和更張。

新文化之新不應是從天上掉下來的。而應是從地下的根生發出來的。「新」的文化如不植根於民族歷史的土壤之中，則必

是異體文化；而全自外界移植此土，自以為奇花異草，但卻是沒有自性之物。

我的心情至為矛盾，矛盾的焦點正在於對傳統文化之眷顧，惟恐今日之只重經濟、只重外洋，自家珍寶都化為虛煙矣。中國之根莖既斷，效顰外洋又不能在本土生根，則便如漂泊之浮萍，中華民族遂成「四不像」之民族矣。

顧前輩之學者中，負笈西洋者不少，其西學 —— 無論自然科學，抑或社會科學 —— 而外，對祖宗遺業也都繼承下來，學兼中西，傳統文化精神並未妨礙他們吸收西學。

故中國之新文化自性應是「二美並」，而不應以犧牲舊學為代價。

文意矛盾，如同囈語，記以備忘。

1994 年 6 月 28 日

從「西學源於中土」引出的閑話

晚清陳熾《庸言外篇》卷下「電學」云：

> 中國自格致無傳，典章散佚，高明沉潛之士，皆好為高
> 論，而不知自蹈於虛無，遂使萬古名邦，氣象荼然，將為印
> 度之續，天惻然憫之，皇然思所以救之，乃以泰西各國所竊
> 中國古聖之緒餘，精益求精，還之於中國。

陳熾，字次亮，號瑤林館主，主張變法自強，積極鑽習西
學；隨康南海在京中組織強學會，任提調。變法失敗之次年憂
憤而死。《庸書》為其憤發之所為作。有清一代倡實學而持「西
學源於中土」之說者頗不乏人，陳熾這些話是講得比較全的。
此說之源或可上溯至清初算學家梅文鼎、梅瑴成祖孫和康熙皇
帝。梅瑴成有中國古之「立天元一法」就是西洋的代數之議。
康熙則據以提出西洋的數象之學「源出自中國，傳及於極西。
西人守之不失，測量不已，歲歲增修，所以得其差分之精密，
非有他術也」。（《康熙政要》）這類說法究其實是西學東漸以來
一種借祖宗以自重的心理狀態的反映。

今天的人比起那個時候的人來要通達得多了，大概不至於
還有人以為西方的科學是偷了我古聖之「緒餘」而發展起來的；
因為那確實是查無實據的。過去確實曾有人把《周髀》同哥白
尼（Nicolaus Copernicus）地心說連綴起來，還說萊布尼茨的

「二進位法」源於我們的《周易》，等等。世界上有些事本有不謀而合或看上去相似的，攀不上誰源於誰的。其實萊布尼茨、伏爾泰等推許的只限於他們所理解的「應用（或實踐）哲學」，即「道德哲學」，同時都坦言當時中國在數理、邏輯以及形而上學方面是遠落後於歐洲的。然而偏就有的論者只願揀那些中聽的擴而大之，那即使不是一廂情願，也是一種只知其一、不知其二的片面性。

然而如今卻有了比早先的「西學源於中土」高超得多的論說，說是西方雖然「現代化」走在了我們的前面，但是由於他們缺少我們東方的聲教文章去化成天下，所以沒有法子克服那些與工業化社會俱來的傷風敗俗，人欲橫流，以至整個社會都墮落得一塌糊塗。據說唯一匡正和救治之道，終將寓於仰之彌高的悠久的東方文明。彷彿我們的傳統文化覆蓋下的幾千年都那麼乾淨，而且到今天忽然甩掉了封建社會加諸它的時代特點，要去超時空地承當解救「現代」乃至「後現代」種種弊端的大任了！

這類的調子已經聽得不少，但還沒有唱完。然而所可奇怪者是，頗有些比較年輕的學者（其中有的還是受了洋教育的）在運用了許多舶來的新名詞、新概念以及種種新潮分析方法之後，居然得出了東方文化高於西方文化、因而將成為未來的世界文化的結論。由於是青年理論家提出的，所以使人覺得格外突兀，也正因此而在弘揚傳統文化的呼聲中頗為引人注目，令人隱然感到一種向西方文明叫陣的民族主義情結。癡迷於西方的文化，以至食洋不化、自我西化，當然絕不可取；然而救治之道也絕不是從此一端滑向彼一端。此外，到今天還把東西文

化對立起來，有時也是由於對兩者都知之不深的緣故。倘真懂透了，就不至東倒西歪了。像我們當代許多國學大師，因中西兼通，便能貫通地感悟其殊異和通感，而無偏頗之見。如陳寅恪先生謙稱所知不出「禹域」，對西學實亦早已得窺堂奧，所以講起來是那樣平心靜氣、情理豁然。此處順便摘錄吳宓先生記下的寅恪先生對他說的兩段話，或可有助於思考。

寅恪先生說：

> 中國之哲學美術，遠不如希臘。不特科學為遜泰西也。但中國古人，素擅長政治及實踐倫理學。與羅馬人最相似。其言道德，惟重實用，不究虛理。其長處短處均在此。長處即修齊治平之旨；短處即實事之利害得失，觀察過明，而乏精深遠大之思。故昔則士子群習八股，以得功名富貴。而學德之士，終屬極少數。今則凡留學生，皆學工程實業，其希慕富貴，不肯用功學問之意則一。

又說：

> 中國家族倫理之道德制度，發達最早。周公之典章制度實中國上古文明之精華。至若周秦諸子，實無足稱。老、莊思想高尚，然比之西國之哲學士，則淺陋之至。余如管、商等之政學，尚足研究。外則不見有充實精粹之學說。（吳學昭：《吳宓與陳寅恪》，頁九、十）

這是陳寅恪先生 1919 年留學哈佛期間對吳宓先生說的。先生對中國哲學的批評無礙於他成為國學大師；他對國學的探幽

發微，亦無礙於他在西學方面的造就。學者之所關懷者端在於學的真諦，本不當為實用功利的目的所擾的。

進一層說，文化問題也不應同政治問題，如愛國或不愛國等混在一起。如今似乎愛國必講弘揚傳統文化，而一提弘揚傳統文化就自動地同愛國主義、民族主義通起來。文化本身的含義反倒不重要了。文化，不論其為東西南北，都是人創造的。既然這個世界，五百年來，從西而東、從東而西逐漸打通了，那無論世界上發生了怎樣的變故（政治的或非政治的），文化間的融合、交錯就必定是必然的；因這種融合與交錯而使得某種文化中的不適應於時代的東西自然而然地隱去，也必定是必然的。容納異質文化，淘汰自己的老文化中不適於生存的東西，是文化上吐故納新、適者生存的規律。人類文化史就是這樣的；任何一個民族都不能例外。這與國與國之間為「敵」為「友」都沒有關係。特別是像我們這樣的文明古國，封閉之苦已經吃得夠了；改革開放以來，我們的文化吸收進外來的優秀文化絕不是到了頂，而是還差得很遠。這已是一種普遍接受的通識，無須多說。至於說社會上的不良現象，相當多的乃是我們古已有之的痼疾，只是於今為烈而已；既怪不得開放，也怪不得西方文明。

還有一種情況，也許是個例吧：在外面過得沒有像預期的那麼如意，或竟受了些冷遇，心理上很不平衡，於是便撐起傳統的大纛，以壯自己的聲色；如此之倡導民族精神或傳統文化，那是走歪了路，倘若這樣的情緒轉成一種潮流，則斷非民族之福。

我這些話也許會被譏為「民族虛無主義」。不過這頂帽子是不合適的。因為我的意思無非是說，對於我們的舊文化，須先有個總體的認識，然後才好去分辨哪些東西於今天或今後是有用的。再去鑽那些經史子集，就不怕鑽進去而出不來了。

我們的傳統文化，像任何民族的傳統文化一樣，是歷史文化的積澱，是精神財富，它的價值和意義不在於功利主義的「有用」、「無用」，它是一個民族生成和發展道路的見證。一個民族無論達到了怎樣的現代化程度，都不能不尊重和研究自己的傳統。我認為，傳統文化是歷史文化，是博物館文化。這樣說絲毫也不是貶低它的價值，而是還它以本來的意義和位置。不要硬讓它起不屬於它的作用。傳統文化與現代化和未來社會是扯不上關係的。因此，對傳統文化的研究，首先是一個學術問題，而不是一個應用性的問題。魯迅的榜樣足可說明問題。他說，中國文化是「侍奉主子的文化」，這是從總體上看，從本質上看的；因此他說：「生在現今的時代，捧着古書是完全沒有用處的。」但是在另一面並不妨礙他整理《嵇康集》、唐宋傳奇、漢代文學史等等，魯迅在國學方面的造詣一點兒也不後人。

如今有些事，我確實有些犯糊塗；似乎凡沾上傳統的邊兒的，都可以聯上愛國主義、民族精神等等。且休說祭奠軒禹孔孟，隨便一些歷史人物（包括演義了的）都抬出來讓人們去追慕仿效，而且用詞之雄辯而果斷不容人說個不字。講哥們兒義氣的劉關張，不是就拿來當英雄來表揚和宣傳嗎？在電視屏幕上出現的同時，甚麼「關羽文化」、「張飛文化」，一時間好不熱鬧！這裏面有甚麼文化內涵和民族精神呢？這類演義故事，文

娛文娛，無傷大雅。看看關二爺如何溫酒斬華雄，劉皇叔怎樣摔孩子（收買人心）等等倒也可收遣興之功。若正兒八經地藉以高揚甚麼精神，就文不對題了。

寫至此處，已覺跑題了。要之，是對中國文化和西方文化都應有一個比較平衡的態度。把傳統文化不顧其歷史成因而說得一無是處，以致不屑一顧，是「虛無」加幼稚。而說東方文明將主宰世界潮流，雖與「西學源於中土」之說無傳承關係，但氣味卻可相通；也許更加高明，但卻更加疏離。因為前者尚偏於奇技淫巧之為用上，後者則宛如站在雲端，馳騁於化成天下的哲學理念的層面上，故頗難捉摸。

最後，我想引用胡適先生在 1935 年 3 月指出薩孟武、何炳松等十位教授《中國本位的文化建議宣言》為「中體西用」的新式化裝時的一段話，作為這篇閑話的結束：

> 中國的舊文化的惰性實在大得可怕，我們正可以不必替「中國本位」擔憂。我們肯往前看的人們，應該虛心接受這個科學工藝的世界文化和它背後的精神文明，讓那個世界文化充分和我們的老文化自由接觸，自由切磋琢磨，借它的朝氣銳氣來打掉一點我們的老文化的惰性和暮氣。將來文化大變動的結晶品，當然是一個中國本位的文化，那是毫無可疑的。（《試評所謂「中國本位」的文化建設》）

1995 年 7 月於京中芳古園陋室

感情和理性的矛盾

　　這個問題是從傳統文化能否通向現代化引出的。這本是個老問題了：自從中國遇上了基督教和西方資本主義兩大勢力，這樣的問題就提出來了。西方敲開中國的大門是用了洋炮和軍艦，可謂明火執仗。接下來是一系列的不平等條約：割地、賠款、劃租界……從此，中國便開始受洋罪。

　　同時亦正由此，中國的知識分子，覺醒的那一部分，開始感到原來的舊文化之必須改造，嚴復提出西學有西學之體用的時候，國人懂得這個道理的人還微乎其微，所以他提倡開啟民智，他在致張元濟函中說：「然終謂民智不開，則守舊、維新，兩無一可。即使朝廷今日不行一事，抑所為皆非，但令在野之人，與夫後生英俊洞識中西實情者日多一日，則炎黃種類未必遂至淪胥；即不幸暫被羈縻，亦將有復蘇之一日也。所以屏棄萬緣，惟以譯書自課。」到五四運動時，感到舊學之禮崩樂壞的人便已達到了很廣泛的程度。舊學之不敵新（西）學，乃是不爭的事實。

　　道理也十分易懂。從西方的哲學思想史看，有所謂古代、中古（或中世紀）和近古（或近代），接下來便直接是現代。而中國缺了近代或中古這一段，而當世界有的國家已經進入現代，中國又不得不跟上的時候，便感覺到缺了「近古」這一大段。這就是說，當西歐從十五世紀起，地理大發現、文藝復

興、人文主義、宗教革命、實證科學這五件大事，集中在這幾個世紀發生，並且引發出產業革命和啟蒙運動的時候，中國還在古代沉睡着。所以，馮友蘭先生說：「中西之交，乃是古今之異。」這是從縱向來說的。

然而，從橫向來比，則不僅是「古今之異」，東西思想的根源也不同。西方的思想根源，一是希臘文化，一是希伯來文化。前者產生科學和哲學，形成了後來的求知主義。後者發展為基督教文化。中國則籠統為渾然一體的人生哲學，就是怎樣做人的問題。「正心誠意修身齊家治國平天下」。這裏包括的一是政治哲學，二是道德哲學。前一個是「史官文化」，為政治服務，後一個是培養為政治服務的人，即適應等級制度的行為規範，所謂「君臣、父子、夫婦、兄弟、朋友」的各層人際關係的行為規範。沒有獨立的形而上學，也少有自然哲學。這個橫向的東西之異是縱向的「古今之異」的原因。

因東西之異而有古今之異，這是勢所必然的。而中國既然也要走向現代，則洋為中用和拿來主義是不可避免的，如果承認我國還落後於現代，那麼，我們就還處於魯迅所說的拿來主義時期。

從歷史事實看，自從中國與西方相遇以來，中國文化已經吸收進越來越多的西方文明，而且由於西方文化幾個世紀都居領先地位，所以西方的經驗事實上已擴散到西方以外的多個角落。

對於中國的傳統文化來說，就出現了張東蓀在半個多世紀以前說過的那種情況：「這就好像以鹽水來沖淡水，鹽水的成分

越多則淡水中必越鹹了。」因為中國的傳統文化，對於現代化，是無能為力的。

反駁者的意見之一說，中國的傳統文化博大精深，現在不少理論（或實踐），在中國是古已有之。今天的人，用了今天的科學方法去到例如《易經》裏找對自然界的十分原始而寓有相當哲理或預見的幾句話，比附為可以發展為現代理論的因子，這未始不可。然而，這樣的傳統，可以有不同的講法，不同的理解，縱使真的有可資現代性參察的東西，那也去現代太遠太遠，何況這一點可算是自然哲學的東西，並沒有得到系統的發揮呢？

反駁者說，我們的傳統中有許多屬道德規範的內容，是有永恆價值的。這需要分析，有些道德規範具有普遍性。馮友蘭先生二十世紀五十年代講的「道德繼承論」屬之。但是還有大量適合於宗法專制社會的人際關係和社會關係的道德規範，如愚忠愚孝之類，卻是應該揚棄的。再者，這裏講傳統問題是與現代化相聯繫來談的，不是一般地談，所以說傳統文化與現代化貼不到一起，是實事求是的。接下來又是一個問題：這不是等於全盤否定傳統文化麼？因此這不是割斷歷史和民族虛無主義麼？這問題太嚴重，需得辨別清楚。下面有幾層意思要說清楚。總起來說，就是我是怎樣看傳統文化的。

第一，傳統代表歷史，歷史是延伸的，是融化在、沉積在民族的血液中的，想割斷也割斷不了。

第二，評價傳統文化的標準，不應是實用主義的，不能狹隘地看它對今天或明天有用或無用。我說傳統文化與現代化扯

不上關係，是說它沒有（或幾乎沒有）現代化的屬性；它的價值不在這方面。我認為，傳統文化的價值主要在以下兩方面：

第一個方面，傳統文化具有「博物館」性質的意義。有人認為這貶低了傳統文化的價值。何謂博物？廣義地說，博物就是博識的意思，《左傳》晉侯聞子產之言曰：「博物君子也。」所以博物館文化反映了歷史上一切天然和人造的成果，它代表的是豐富多彩的過去。不可能想像一個高度發展的現代化國家怎麼能夠拋棄自己的博物館性質的文化。

第二個方面，傳統文化代表着一個民族的人文素養。對於我們中國人來說，吸收西方文明的營養，消化得怎麼樣，一要看吸收的是不是真正的養分，二要看吸收者的消化力怎麼樣。這消化力裏就包括了對自己的胃口、消化機能的透徹了解。在這上面，對自己的傳統了解如何，大有關係。要說傳統與現代的關係，這也可算是一條。對於我們中國人來說，真正把自己的傳統文化弄透些、深些，不僅不會妨礙對西學的掌握，相反會理解得更加準確和深刻。因為學術到了深層是相通的。我不相信，一個中國人對自己的歷史文化毫無所知或知之甚少，卻能深刻地領會西學。

第三，時代不同了，傳統文化的傳播和影響受到限制是必然的現象。尤其是它對當務之急的現代化問題幫不上太大的忙，傳統文化更容易受到冷落。先秦的子學時代和從董仲舒到康有為的經學時代畢竟已經過去了。我的題目上講「感情與理性的矛盾」，就是我內心的一種矛盾：我在感情上深愛我們的傳統文化，包括哲學、唐詩宋詞漢文章、藝術、古建築、地下文物、戲劇，等等。但是我不能不承認：不像西方的傳統文化通

向現代化有軌跡可循，我們的傳統文化與現代化之間隔着一道斷層。現代化可以利用我們傳統文化中某些格言式的「部件」，但是它們之間沒有通道。因為我懂得這個道理，所以雖然我非常愛傳統文化，但我尤其深知現代化對於我們民族興衰命運的關鍵意義，因此不會去幹王國維那樣「文化神州喪一身」（陳寅恪《挽王靜安先生》詩：「敢將私誼哭斯人，文化神州喪一身……」）的傻事。對於傳統文化的護持和發揚，應該有一個適當的政策，我國人口那樣多，總會有人為了學術、為了繁榮文化而不那麼急功近利地對待傳統文化。

第四，我們需要建立一種符合於時代和社會進步的新文化。實際上早在嚴復時就已經提出了這個問題，而且一百多年來這個問題一直存在。這個新文化當然要大量地、不斷地吸收外界的新東西，吸收過來要消化，要把它溶解在自己的肌體裏，使它成為我們的新文化的一部分；所以這種吸收絕不是食洋不化，絕不是甚麼西化。魯迅提出的拿來主義就是這個意思，不拿來就談不上吸收和消化。文化，特別是精神領域的東西，不可能像買東西那樣挑選好了再拿來，而是在「拿」的過程中去吸取營養、淘汰廢料。所以，我一向認為我們做學問的人，一要儘可能系統地、完整地了解我們自己，我們的歷史，包括我們的「國故」。再要儘可能系統地、完整地了解和把握西洋文化。真正了解了，就能超越它、轉化它、利用它、陶熔它，就可以使之成為我們的新文化的一部分。

總之，對於傳統文化，我的矛盾一直存在着，但是要積極地消解它，我個人的辦法是用理性去消解「感情和理性的

矛盾」，同時保留着我對傳統的鍾愛，作為一種精神生活去享有它。

　　從大時代來說，仍是拿來主義時代，這至少對於我，是無可懷疑的。

1996 年 11 月 21 日

「中國」和「歐洲」的來源

今日之用「中國」二字，蓋有兩義。曰「地域」，指 960 萬平方公里面積上的位於東亞的這塊土地和水域。曰「國家」，state，具有政治實體的意思。

古之稱「中國」者，多是地理概念，處於「四夷」之外的居中的這塊地方是也。《史記・孟子荀卿列傳》說，鄒衍有《終始》、《大聖》十餘萬言：

> 其語閎大不經，必先驗小物，推而大之，至於無垠。先序今以上至黃帝，學者所共術，大並世盛衰，因載其機祥度制，推而遠之，至天地未生，窈冥不可考而原也。先列中國名山大川，通穀禽獸，水土所殖，物類所珍，因而推之，及海外人之所不能睹。稱引天地剖判以來，五德轉移，治各有宜，而符應若茲。以為儒者所謂中國者，於天下乃八十一分居其一耳。中國名曰赤縣神州。赤縣神州內自有九州，禹之序九州是也，不得為州數。中國外如赤縣神州者九，乃所謂九州也。於是有裨海環之，人民禽獸莫能相通者，如一區中者，乃為一州。如此者九，乃有大瀛海環其外，天地之際焉。

此所謂「禹域」或「禹跡」。

　　鄒衍認識外界事物的辦法，符合由小及大、由近及遠、由今及古的常法。「中國」這個概念的發展，鄒衍說得大體差不多。「赤縣神州」或本乎此，以後漸漸擴大了，「赤縣神州」所及的空間也擴大了。現在再提到「中國」這兩個字，不會再限於「禹跡」的概念了。

　　「歐洲」的概念也是由小到大的。初時，在古希臘時期，「歐洲」只限於愛琴海一帶，那是源於一個美麗的神話。以「歐洲」稱亞歐大陸的西半，是在很長時間以後，兩希文明與基督教的結合、基督教的重心西移、神聖羅馬帝國的由盛而衰、民族大遷徙、「十字軍東征」等等歷史變遷，「歐洲」的概念才被廣泛地使用起來，而與東方民族（小亞細亞以東）和南方民族（阿拉伯）的對峙，則更促進了「歐洲觀念」的形成——居住在這片土地上的民族，要把自己同東鄰和南鄰區別開來，這就有了如今天般所理解的「歐洲」。

　　中國在春秋戰國時期，沒有統計的「國」。「國」者「邦」也。諸侯稱「國」，大夫稱「家」；周天子架空了，一提當時的中國，都是講齊楚燕韓趙魏秦，等等。以後便以朝代代國稱，本朝稱為「國朝」，「國」與「朝」是一致的。以「中國」自稱是在與「大漠」以外有了接觸和來往以後。於是有了「主權」的觀念。以前，「朝」是凌駕於蠻夷的，沒有「主權」這一說。與「大漠」以外交往，不再是鄭和下西洋那種澤被西夷式的來往。雖有「天朝」心志，但對手並不買帳，那關係便越來越是「主權」間的關係了。這該是有了今天意義的中國的時代背景。

　　歐洲在古代也不以「歐洲」自稱。而是說希臘、羅馬、法蘭克等等如何如何，歐洲之名覆蓋「從大西洋到烏拉爾」這片

陸地，大概也是出自「整體」地同異己者區別開來的需要。在基督教扎根歐洲以後，如果沒有同阿拉伯、撒拉遜、奧斯曼對立的刺激，「歐洲」稱謂恐怕不一定在十三世紀應用起來。給自己一個名稱，很大程度是由於要把「我」和「非我」劃清。

歐洲和中國相似的是，都是從小到大鋪開的。不同的是，鋪開以後，歐洲的封建時期孕育出了「民族國家」；中國的先秦封建的基礎不是民族的，孕育不出歐洲那樣的「民族國家」，而是照孟子說的，「定於一」了。現在民族國家一詞用得比較駁雜，把中國也說成是民族國家，這顯然是一種誤解。

1997 年 1 月 3 日

我們需要一次「文藝復興」
── 對中西交流的一些看法 [1]

中西文化交流是個老話題了，但是人們還要不厭其煩地、時不時地揀起這個老話題。

談交流，必然涉及差異；道理很簡單，若無差異，何來交流？所以，交流是以差異為前提的。

這裏，我只是十分概括地對中西文化交流中的一些問題談些想法：一是對中西文化的認識；二是關於中西文化交流問題的認識。

需說明的是，此處的「文化」，是「文化哲學」意義上的「文化」，並不涉及文化領域裏的特定具體形式或門類。

第一個問題，我對中西文化的認識。

在各種文化的相互關係中，通常最為寬泛的説法，指的是東西方文化的關係。這種説法不是十分嚴格的。

西方文化比較容易理解。雖然歐洲文化與美國文化有所不同，即使在歐洲範圍內，也有不同的文化；但是，從根本和源

---

1 這是作者在 1996 年 11 月 6 日「西方亞洲政策的調整和中國」國際學術討論會上的發言。發表時略作修改，並加了現在的標題。

流上看，都可以上溯到希臘、羅馬和基督教文明。我所說的文明，是包含物質和精神的寬泛意義的文明，與文化互有包容，但有不同的側重內涵。文化更具有心性的和精神的品格。西方文明之間的交匯經歷了從古到今的自然歷程。西方文明所使用的概念和範疇是相通的。

東方文化則複雜得多。西方人常有以儒家來概括東方文化的，這是一種誤解。東方文明沒有像西方文明那樣有共同的根，甚至以中國文化論，也不好簡單地說就是一個儒家。第一，從來就沒有純粹的「儒」，中國傳統文化，至少是儒、道、釋三家合流，還不要算影響很大的法家、墨家等等。第二，儒是一種政治哲學和道德哲學，它不是宗教；中國文化中有哲學興趣的主要是在道和釋裏，有些思辨的味道。儒、道、釋經過了幾個世紀的磨合，到公元十一、十二世紀融合成以儒為主的傳統的文化，一直統治着中華帝國的封閉社會。

這種文化在亞洲東部有些影響，在亞洲其他部分幾乎沒有或很少有影響，它們都有自己的本土文化。如伊斯蘭文化、印度文化、突厥文化、波斯文化等等。有人把日本、朝鮮半島都在儒家文化圈裏；誠然儒在那裏有些影響，但是它們都有屬於自己的獨特文化。講這些，只是為了說明東方文明有許多不同的根，雖然它們之間有溝通，但是與西方那樣有共同的根不一樣。

再一點，任何文化都不是自在自足的，它隨時要吸收新東西，所以文化是有集納性的。中國傳統文化中釋出的成分就是從印度吸收進來而中國化了的。西方文明同樣也不是自在自足的，它的基督教文明就是產生於東方、而後在西方扎了根的。

英國哲學家羅素（Bertrand Russell）有這樣一段話：「希臘從埃及學習，羅馬從希臘學習，阿拉伯人從羅馬帝國學習，中世紀歐洲從阿拉伯人學習，文藝復興的歐洲從拜占庭學習。在許多這樣的事例中，學生總比他們的先生更要強些。」這是歷史的事實，表明早期的西方文明是吸收了東方文明而混成的。不過在歐洲文藝復興時期，歐洲和亞洲東部還沒有規模很大的交流，因為交通還不發達。

這樣的歷史事實說明，任何文化都不是靜止不變的，它總要吸收新的、適應時代要求的東西，揚棄舊的、不適應和妨礙社會發展的東西。把外來的、新的營養吸收到自己身體裏來，經過分析、消化，有些就成為自己的一部分了。所以對任何民族文化都不能把它看作一成不變的。如說中國文化還是孔夫子那一套，就不是事實。對待文化問題，不能用貼標籤的辦法。中國的封建宗法社會比較長，過去吸收外來的營養到南亞、西亞就止住了。封閉的門一打開，便吸收進西方的東西。自十六世紀以來，西方的發展比中國快。馮友蘭先生說：「中西之交，古今之異。」意思是，在中國文化還是「古」的時候與西方文化的「今」交流，自然就是「古今之異」了。中國要趕上去，就必定要向西方學習了。於是，從十九世紀中葉起，一百多年來，中國文化融進了許多西方傳來的東西，融進到自己的肌體裏，所以中國文化已經起了很大的變化。如果仍用沒有接觸新因素以前的眼光看今天的中國文化，把它固定在傳統的儒、道、釋上，顯然不是中國的事實。但是，由於中國文化現在正處在新舊中外雜處的階段，一提「中國文化」仍是那些「古」的才被認作是中國的。

第二個問題，關於中西文化交流問題。

我認為在中國和西方的文化交流方面一直存在着一種不平衡的現象。講交流，無非是「西學東漸」和「東學西漸」。所謂「不平衡」，就是說兩股運動不平衡。一般來說，東方對交流的要求比西方迫切，因而東方對西方的了解超過西方對東方的了解。這裏有歷史因素，包括歷史因素造成的心理因素，這主要指的是雙方的出發點不同。

要改變中西文化交流中的這種跛腿現象，從道理上講，固然需要雙方的長期努力；但是要西方改變心態，平等對待和充分尊重東方文化，談何容易！所以，重要的是，還是我們自己反而求諸己，以更多的努力，拿出我們的無愧於時代的新文化來，來改變那種「中西之交，古今之異」的局面。在這個新文化體系裏，當然要有我們古老的、恢弘的歷史文化墊底，但是更要有吸收過來、使我們自己的肌體發達健壯的新鮮血液；這樣的文化才能代表我們在新世紀應有的精神世界；這樣的文化才能在世界上獨樹一幟，列入強勢文明之林。

為此，我們絕對需要一種「文藝復興」式的大勢大潮。這種「文藝復興」必以堅實的文理並重的教育為根底，不是有「理」無「文」，也不是重「理」輕「文」，以期開出自然科學、哲學社會科學、人文學科全面繁榮的新局面。我是從事社會科學的，我堅定地相信，現代化必須有包括哲學、人文學科在內的社會科學的支撐。等到我們的無負於時代的新文化體系為世所重的時候，幾個世紀形成的中西文化交流的不平衡局面，就會水到渠成地徹底地發生變化了。這一天是肯定會到來的。

老話題
—— 中國何時開始落後？

　　最近翻看《明史》至《佛郎機（葡萄牙）傳》，有兩處引起了我的注意。一是大炮；二是建築。明時人不知葡萄牙人何自來，稱之為「佛郎機」；在海上邂逅了帶着火炮的商船，與之交火時中國方面受了重創。中國雖然號稱火藥發明者，卻沒有見過這種玩意。當時帶兵跟葡船交火的海道副使汪鋐於嘉靖二年（1523 年）奏疏云：「佛郎機兇狠無狀，惟恃此銃與此船耳。銃之猛烈，自古兵器未有出其右者，用之禦虜守城，最為便利，請頒其式於各邊，製造禦虜。」明世宗於是「許之」。

　　為了仿造葡炮，汪鋐派人借收稅之機到葡船上潛與久已在葡船上做事的中國人楊三、戴明接觸，因為這兩個人「備知造船鑄銃及製火藥之法」。楊三等因被許以重賞，便被以小船悄悄地引接到岸，中方即依法炮製。明人嚴從簡《殊域周諮錄》、胡宗憲《籌海圖編》都記錄了那「銃」是怎樣的，那船是怎樣的，等等。至於火藥，肯定不復是我們放炮仗的那種。可見在十六世紀初的中國，這些玩意兒還是見所未見、聞所未聞的。

　　至於建築，明朝人誰也沒有見過歐洲的房子是甚麼樣子。但可以從葡萄牙人開始居住在澳門時的情景了解個大概。

《明史》中説，葡萄牙人借晾曬被風濤漬濕的東西上了岸，漸漸地在濠鏡（澳門）蓋起房子。那些房子是「高棟飛甍，櫛比相望」，自與中國的民房不同。這興許也是當時的中國人所見到的「西洋景」。

幾十年後，利瑪竇來到中國，對中國和歐洲的建築物作了一個對比。他説：「從房屋的風格和耐久性看，中國建築在各方面都遜於歐洲。」他認為，中國人只是為自己蓋房而不是為子孫後代，歐洲人則遵循他們的文明要求，似乎力圖永世不朽。（參見《利瑪竇中國札記》）

記得有一次看過報上一篇文章説，十八世紀是西方超過中國的分界線。這話雖嫌籠統，但意思是説在此以前中國是「超過」西方的。所謂「超過」，是指甚麼？指「國民生產總值」？我是一個看見數字就昏頭的人，何況這種「總值」還需要種種專業知識和演算。不過我從小就被教導我國古代文化何等漪歟盛哉。在初參加工作的時候常聽到那時與我國親如兄弟的歐洲友邦説：「當我們還在茹毛飲血的年代，你們中國的文明已高度發達了。」我聽了也實在心裏美滋滋的。「別看我們現在比較落後，我們的祖先可比你們的強得多了。何況我們的老祖宗還有『四大發明』呢！」此語明顯是阿Q味道！然而，至少上面提到的大炮和蓋房在十六世紀已顯出不如人了。

十五、十六世紀是歐洲土地裏正在綻發近代科學思維的時代——哥白尼、開普勒（Johannes Kepler）、布魯諾（Giordano Bruno）、伽利略（Galileo Galilei）的時代。利瑪竇帶着這個

時代的印記。十七世紀的歐洲，幾乎沒有一個哲學家或神學家不同時又是科學家。利瑪竇等到中國來，既帶來了天主教義，也帶來了天文學、測量學、幾何學、水利學……徐光啟、李之藻等士大夫本着「一物不知，儒者之恥」的精神，向傳教士們認認真真地學習科學知識。徐光啟向利瑪竇學習歐幾里得幾何學，每日下午詣利氏寓所，請「口傳，自以筆受焉。反復輾轉，求合本書之意……凡三易稿。」後來譯成《幾何原本》上卷。他在《幾何原本雜議》中說：「下學工夫，有理有事；此書為益，能令學理者袪其浮氣，練其精心……故舉世無一人不當學。」接着他又據利瑪竇口述筆錄《測量法義》，向利瑪竇、熊三拔請教「水法」，認為「悉皆意外奇妙，了非疇昔所及」（《泰西水法序》）。所以，至少在徐光啟所讚不絕口的這些科學，為中國當時所無。

利瑪竇眼中的中國科學是相當之不科學的。例如他發現中國很重視天文學，但是，「中國天文家卻絲毫不費力氣把天體現象歸結為數學計算。他們花費很多時間來確定日月蝕的時刻以及行星和別的星的質量，但他們的推論由於無數的錯誤而失誤」。他說中國誠然有些數學科學知識，「但這些知識很少是以確切的數學證明為基礎的」。

利瑪竇等人對於徐光啟等幾個有數的士大夫可以說起了啟蒙作用。只是徐光啟等人勢單力孤，在當時的歷史條件下，根本不可能形成氣候。不過，利、徐的交往和徐光啟等學習科學的執着，已反映中西之間的時代差距：西方已進入科學思維和技術發明的世紀，而中國瞠乎其後是極顯然的。

　　所以我這篇短文無非是想説，從十六世紀起，中國已明顯落在時代的後頭了，不必等到十八世紀才畫這條時代差距的界線。

　　那麼十六世紀以前呢？西方已經有了告別中古的文藝復興，中國則無。再往前推呢？布羅代爾（Fernand Braudel）説西歐是從十二世紀開始向新世紀起步的，中國卻在這個世紀停下來了。中國為甚麼停下來了？布羅代爾説他也説不清；他只是提了個問題。布羅代爾的書很好看，不過他偏於講物質文明、生產力和市場交換等等，思想和精神方面涉及較少也較淺，所以他無法説清。

1998 年 6 月 29 日

歷史是否有邏輯

　　我現在正為寫《20世紀的歐洲》寫不出擺脫不了窠臼而煩惱。歐洲與美國不同；美國不是一個思辨的民族，一切都是直統統的。歐洲卻總不免要瞻前顧後。歐洲與中國當然更不同；歐洲的瞻前顧後，更多的是顧後，所以比中國在瞻前時比較能容易甩掉妨礙顧後的那些個前。中國卻不免讓「前」拖住了「顧後」的腿腳。

　　中國和美國都沒有「歷史哲學」，當然情況根本不同。美國是為了不斷創新而毋須把精力花在抽象的思辨上。托克維爾（Alexis de Tocqueville）說，美國是不經過笛卡爾（René Descartes）而達到了笛卡爾。美國是把自由主義與理性主義結合得最好的；它借助理性思維但又不讓唯理論絆住自由主義的手腳。中國自古以來就是經世致用的路線，中國的傳統文化，無論多麼博大精深，最終離不開當時的為世所用。顧準所謂「史官文化」者便是。中國人寫史，離不了記言記事，到今天還是這樣，中國古代史論不少，講體裁、講章法，若發表議論，脫不出以史為鑒，還是為了經世致用。稍微有些哲學意味的史論幾乎沒有。

　　歷史哲學是歐洲的特產，主要是因為歐洲的哲學比較發達。先也是從敘事開始，到近代便有了對歷史的理性批判，把人文因素融進歷史。伏爾泰、赫爾德（Johann Gottfried

Herder）、康德、費希特（Johann Gottlieb Fichte）、黑格爾、馬克思，這是幾大家。他們的歷史觀，無論是唯心唯物，都是理性歷史。

然而，大歷史（macro history）是理性的，人們經驗的歷史卻不是理性的。理性批判的歷史，是「宿命的」，似乎歷史是按照人的理想意圖安排的，所以是理想主義的。現實的歷史卻相反，它經常是不合邏輯的。例如人類社會的發展是從低級階段向高級階段發展，這是理性的；要以新代舊便難免發生革命，則革命是理性的。但歷史是人表演的，革命是人幹的；人是理性的動物，是說他有按理性行事的能力，但並不能由此說人天然就是理性的。否則古今中外就沒有壞人、敗類，沒有瘋子了。

歷史是任人裝扮的；不同的人用不同的視角。道德學家從中看出道德律；崇尚格致之學者從中看出器物奇技的代代翻新；尚武者從中看到的是連綿不斷的兵燹征戰；博學深思者從中看出精神的昇華和沉淪；唯理主義者說歷史是理性的、有序的；經驗論者說歷史充斥了非理性，是無序的；樂觀派說歷史總是隨着文明的腳步向好處發展的；悲觀派說否！文明的每一次「進步」，都伴隨負面的、無法克服的後果。十九世紀的歐洲歷史學家大多認為歷史是沿着自由主義和理性主義的路前進的；二十世紀的史學家們則認為歷史根本沒有定向──斯賓格勒（Oswald Spengler）在世紀初就曾問道：歷史是否有邏輯？

二十世紀的歐洲史學家們自有他們特殊的時代經驗──人們還是相信經驗勝過理智──他們向十九世紀的理性批判史學發難：你們太過相信人類的理智，你們的頭腦清醒得把一切不符合理想的渾濁的穢物都濾掉了，歷史絕沒有那麼透體通明。

理智、理性，這些崇高無比的概念，可以作為一種人世間的理念，或者叫做目標；也可以適用於某人某時某事，如說某人在某時某事上是很理智的，但不可能說某人在任何時候、在任何事上都是理智的。更何況，理智會異化，異化到它的反面，變成非理智、反理智；當把理智神聖化的時候，理智尤其會轉為非理智，直到變為瘋癲。

二十世紀的人讀過幾千年人寫的歷史，發現，人寫的歷史與人造的歷史不是一回事。他們在這一百年裏親歷了那麼多的「主義」：資本主義、帝國主義、社會主義、布爾什維克主義、法西斯主義、科學主義⋯⋯而每種「主義」又有那麼多的分支或副本，並且都可以在過去找出來源。這些個「主義」把世界搞得周天寒徹，任誰也認別不出這世界的本來面目。

或許仍是東坡居士有理：「不識廬山真面目，只緣身在此山中。」看不清二十世紀的真面目，是因為身在其中；等到下個世紀或再下個世紀可能就比較客觀了。然而也不盡然；因為人既是理性的動物，又是有願望、有情感、有利害關係纏身的動物，所以純客觀是沒有的。於是在看歷史問題時不免戴上今天利害關係的眼鏡，歷史終於還是客觀不了。

所以，我這個自感有些「歷史癖」的人，在鑽進歷史材料堆裏時，時有一種醺醺然的陶醉感；然而當走出材料堆之後，竟發現是一大堆亂麻，仍是懵懵然地覺得上了歷史的當。

且舉一個例子：1789 年法國革命。教科書裏表現得最為簡單明快，那是作為歐洲近代史中的一個「分水嶺」來對待的——這是我中小學水平的歷史知識。後來讀了法國史家米歇爾（Michel Serres）、索布爾（Albert Soboul）的《法國革命史》，

讀了羅曼・羅蘭（Romain Rolland）寫的以羅伯斯庇爾為主角的劇本《七月十四日》（*The Fourteenth of July*），那分明是「十月革命」的草本，「革命」是無比崇高而神聖的——這是我大學的水平。但有了些「陰影」，但陰影一出現，便立即自覺地批判了；那陰影來自狄更斯（Charles Dickens）的《雙城記》（*A Tule of Two Cities*）和埃得蒙・柏克（Edmund Burke）的《對法國革命的反思》（*Reflections on the Revolution in France*）。因為那「陰影」剛對我產生了些作用便很快被托馬斯・潘恩（Thomas Paine）對柏克的批駁糾正過來了——這是我四五十歲時的水平：思想複雜了些，但是法國革命在我的認識上仍居「正統」地位。

我們的「文化大革命」把對「革命的恐怖」的有意無意的美化徹底打碎了，再重溫法國革命的歷史時，也就有了不同的感受，特別是對羅伯斯庇爾（Maximilien Robespierre）其人——一個厲聲提倡民主自由共和，又親手把它化為齏粉的人——產生了全新的認識。

有一種說法，說歷史從來不是如黑格爾說的是「精神的歷史」，而是不折不扣的「行動的歷史」、「實踐的歷史」。誠然，實踐是離不開精神的，但對歷史進行判斷的根據又總是人的行為。

1998 年 9 月 23 日

一種歷史的觀念
── 傳統與現代化及其他

　　討論任何問題，都有一個歷史的方法問題。歷史的方法就是實事求是，是其所是，非其所非；不能想當然，也不能憑感情好惡、主觀願望。如傳統與現代化，就是這樣的問題。我研究歐洲問題，總自覺或不自覺地同中國的歷史互相參照。由此得出的一條結論，就是歐洲的傳統文明是從自身的演變開出現代化的；而中國卻沒有從自身獨自地演變出現代化，而是在與歐洲文明接觸時時而與之相衝突，時而又在衝突中接受其影響中進入近代史期的。如果沒有歐洲文明的衝擊和影響，中國歷史仍會沿老路走下去。這一點就連康有為都意識到了，所謂「若使地球未辟，泰西不來，雖後此千年率由不變可也」（《上皇帝書》）。

　　最近幾年我提出來一個「歐洲何以為歐洲？中國何以為中國？」的問題，就是想先從道理上想清楚。這樣，對我們為甚麼要改革、為甚麼要開放，就可以絲毫沒有認識上的拖累。

中國和西歐的不同傳統

兩部歷史，兩種傳統。這是觀察中西社會發展的根據。這是個老問題，早在晚清就有人提出來了。嚴復所謂「中學有中學之體用，西學有西學之體用」，就把問題擺出來了。「五四」時期，陳獨秀、李大釗等說，中國文化主「靜」，西方文化主「動」；西方的「動」的工業文明摧垮了東方的「靜」的農業文明。他們提出中國必須拋棄舊傳統，迎接德、賽兩先生，創建新文化。這些話說了一百年了，現在仍然要說，因為它仍是當今未了之事。

現在的問題是緊扣着現代化提出來的，就是：中國的傳統為甚麼與現代化扯不上關係；與之相對應的則是為甚麼歐洲卻是從自己的傳統中發展出現代社會來。這本是一個很平常的歷史事實，但是卻有人批評說這是一種「民族虛無主義」的觀點。這樣的批評對不上號，因為它不是擺事實講道理，而是扣上一頂帽子了事。這問題在下面第三部分還要講，此處從簡。問題其實很簡單，就是因為中國和歐洲文明各自有自己的歷史影響，或曰各自有自己的歷史軌跡。因此，當中、西兩大文明在十九世紀中葉相遇時，人們自會發現，西方早在兩三個世紀以前就已進入近代史期，而中國則仍滯留在中古狀態。此即馮友蘭先生所說的「中西之交，古今之異」。

這就扣上了這篇文章的題目，一種歷史的觀念，或者叫歷史的方法、歷史的態度。「歷史的看法只是認為東方人和西方人的知識、哲學、宗教活動上一切過去的差別都只是歷史造成的差別，是地理、氣候、經濟、社會、政治，乃至個人經歷等等

因素所產生、所決定、所塑造雕琢成的；這種種因素，又都是根據歷史，用理性，用智慧，去研究，去了解的。」[1]

先看中國的歷史。舊中國是朝代更替、「自我循環」的歷史。可以拿秦始皇統一六國、廢封建、立郡縣當作一條分界線。在這以前的歷史，用孔子的幾句話來概括，就是：「殷因於夏禮，所損益可知也；周因於殷禮，所損益可知也。其或繼周者，雖百世可知也。」這是孔子對子張的問題「十世可知也？」的回答。孔子是説，三代以來的政治體制、社會秩序基本上代代相因，每一代對上一代只不過有所損益而已。後來孟了看出正在發生大變化，梁惠王問他：「天下惡乎定？」孟子答説：「定於一。」又問：「孰能一之？」回答是：「不嗜殺人者能一之。」「能與之？」「天下莫不與也……」

到秦始皇確實是「定於一」了，但並不是按孟子的施仁政的辦法實現；秦始皇當然不是「不嗜殺人者」。

對於秦始皇以後的歷史，明末清初的王夫之有幾句話概括。他説：「郡縣之制，垂二千年而弗能改矣，合古今上下皆安之，勢之所趨，豈非理而能然哉？」誠然秦以後並不是一貫統一的，歷朝歷代都有不同的分裂局面；但是從政治體制、社會形態、基本的生產生活方式上看，確實是「二千年而弗能改矣」。王夫之還説，郡縣制在秦前已有，封建雖「不可復」，但

1　胡適語，見胡適，《讀書與治學》，三聯書店編選，1999 年，第 130–131 頁。

三代以來的封建制仍糅在秦後的郡縣制裏，所以中國歷史上下五千年是一部沒有社會性革命的歷史。[2]

幾千年當中，朝朝代代，生產力和生產關係沒有根本性的突破，我們祖先征服自然的時期當在戰國以前，即由畜牧業進到農業時期。自從孔、老、墨等相繼而起的以解決人與人的關係為重的學說興起之後，人們的注意力大都放在人的行為和內心的修養上了，間或談及自然，如老、莊，但卻取迎合和屈服的態度。秦漢以後則連先秦時期的百家爭鳴的局面也幾乎沒有了，以致中國的歷史文化歸根到底是政治和道德。一個人要有好的修養，要善於自省，經常檢查和端正自己的行為和思想，使之符合當時的社會倫理準則。中國歷史上的社會，就其整體而言是「臣民社會」：從上到下是各級的專制主義，從下到上是「臣民主義」，是「大王聖明，臣罪當誅」。古代中國社會的核心就在這裏。

歐洲的歷史，特別是近代西歐就大不相同，它是那樣變動不居，一個世紀一個世紀地改變着社會面貌。只有從五世紀到十世紀是五百年的「黑暗時期」。以後歐洲社會就開始變化。恩格斯說意大利詩人但丁是「中世紀的最後一個詩人，同時又是新時代的最初一位詩人」，他標誌着「封建的中世紀的終結和現代資本主義紀元的開端」。[3]

2　王夫之的話，見《讀通鑑論》卷一，秦始皇一。

3　《馬克思恩格斯選集》，第 1 卷，第 249 頁。

　　從十五世紀起，歐洲先後或交迭地發生了人們所熟知的地理大發現、文藝復興、宗教改革、工業革命、啟蒙運動、荷英法革命（還有大西洋彼岸的美國革命）等等歷史性的事件。西歐用三四個世紀的時間，階段分明地齊備了作為現代資本主義社會的經濟、政治和精神條件：在制度上是以代議制為特徵的、與專制相對立的民主憲政；在經濟上是以利益原則為制動力的市場經濟機制；還有經驗主義、理性主義、自由主義、社會主義幾大社會政治思潮以及幾個世紀的積累起來的科學思維和科學實驗的精神。到今天，以高科技為動力的現代工業革命、信息革命、網絡革命，全球性的金融體制，無孔不入的市場力量，等等，都屬於水到渠成的歐美文明進程中的事（這裏只是就文明社會發展史而言的，至於這些問題的負面影響和「異化」效應當另作文章，此處不贅）。

　　從以上敍述可見中、西兩種歷史，兩種傳統的不同。何以中國傳統沒有也不可能開出現代文明，而歐洲文明何以能衍生現代化，其理由已可昭然。

中西不同的思想方法

　　通常說，中國人偏於講「人情」，不怕道理說不通，就怕人情上過不去，屬於自修、內省的文化。西方人偏於講「理」，講邏輯，偏重於對客體的探究。從古希臘就講本體，以後發展為自然哲學。中國也有自己的「本體論」，但落腳點是「萬物體仁」，轉到道德論上去了，中國哲學本質上是道德哲學。就情與

理來説，中國人是情重於理；西方人是理重於情。重情則重人際關係，重理必重求知。

這可以聯繫到一個思想方法上的問題，即中國人和西方人在思想方法上的不同。張東蓀稱之為「思想底格」不同；涉及到運用思想時是從哪裏入手和佈局的。中國人在思想時有中國人的範疇和概念，西方人在思想時有西方人的範疇和概念。

上面講到中國的傳統文化主要或基本上是政治文化和道德文化。《中庸》裏説「君子尊德性而道問學」，着重點是人在待人接物中「應當」怎樣，它與「義務」是連在一起的；或者表達某種預期的願望，例如我們常説的「要」怎樣怎樣。所以中國人運用思想的模式通常是「應當怎樣」或「理當怎樣」，用英文來表達就是「ought to be」的模式。

西方人運用思想時比較看重「是甚麼」，即「to be」。哥白尼要把宇宙天體弄個明白，這就是 to be 的問題。所以有了「日心説」的「哥白尼革命」。科學思維、實驗科學的思想方法都是追問「是甚麼」。前些日子，到處在議論所謂「李約瑟難題」，其實要解開這個「謎」並不複雜，就是中國傳統中沒有或者缺少窮追不捨地、一以貫之地探究「to be」的精神和實踐，即求「真知」的精神。因此，我們的古人常常是從直覺出發並把思維局限在直覺所及的範圍內，以致不能越出直覺到達理性推理；工藝技術很難（甚至不可能）不經過理性思維而飛躍到科學思維的水平。我們在許多問題上，常常習慣於自覺或不自覺地忽視或違反客觀事物的規律，搞唯意志論，原因之一就是缺乏求真知的精神和習慣。

關於所謂民族虛無主義

當說到中國傳統沒有也不可能通向現代文明時，常會被責為「民族虛無主義」，演繹下去，則「民族虛無主義」便是「愛國主義」的反面，如是便自然而然地在政治上上了綱。

以我個人經驗說，我是不是「民族虛無主義者」呢？答曰「否」。我對我們的傳統是非常有感情的，特別在傳統和現代化文明發生衝突時，我的感情常常站在傳統一邊。但是在理智上，我不能不如實地承認，中國的傳統文化，或者說中國文化的傳統沒有開出科學與民主；它沒有導向現代化，這是歷史的事實。在這個問題上，我得不出相反的答案。我不像有的學者那樣，硬說中國傳統文化裏早就有「市場經濟」和「民主法治」的基因，非要把傳統文化與現代化勉強掛鉤；以為這樣就可能心安理得、自圓其說了。我的看法是，中國的傳統文化的精華並不在於它是否能與現代化掛鉤，而在於它所內涵的精神力量和價值。我們自會感悟到它以下三方面的特有魅力：

第一，中國傳統素來提倡一個人要有高尚的道德操守、正直的為人處世的行為規範。為人謀而不忠乎，與朋友交而不信乎，傳不習乎，諸如此類規範人的道德行為的觀念，都應該「抽象繼承」，其精神是超社會的。現在我們常常慨歎和責備那些不講公德、缺少「私」德等等言行，原因是多方面的，其中之一是在批判一切時把舊道德批得一無是處，同時另一方面卻是自私自利的惡性膨脹。

第二，中國有很深厚的、具有自己民族特色的歷史文化。從歷史來看，除了有《春秋》、《左傳》、《國語》、《戰國策》、

二十四史等典籍外，還有數不勝數的稗史、野史、筆記等歷史著作。從哲學來看，有諸子百家，有從兩漢以來十多個世紀融會貫通起來的儒、道、釋三合一的哲學，它們都蘊含着吸取不盡的精神營養。

第三，中國傳統文化的美學價值，表現在繪畫、書法、雕塑、詩詞、文學、戲曲等等方面。如每當進入博物館，即有美不勝收之感；如秦漢文章、唐詩宋詞元曲等等，莫不具有恆久的價值，等等。

今天品評一種文化，很容易落入有用或無用的實用觀點。現代化是舉國大事，很容易也很自然地以能否推進現代化為唯一尺度。於是或者硬說中國傳統可以通往「現代化」，以證其「有用」；或者從「民族自尊心」出發，硬說「現代化」的觀念本為中土所固有，以與現代化源於西土的觀點相對。這都不是實事求是的態度。中國傳統文化自有它的優長之處，如上述，而不在現代化，我以為這是很明白的事。

至於把認為中國傳統文化開不出「現代化」的意見，徑斥為「民族虛無主義」，說輕些是輕率而武斷，是簡單化，說重些也不過是帽子一頂而已，是經不起推敲的。

2000 年 8 月於京中芳古園陋室

此「封建」非彼「封建」
—— 一個歷史問題的誤解

　　不記得從甚麼時候起，在我思考一些歷史上的問題時，出現了兩種「封建」的概念。一時間，我有些犯迷糊。

　　本來是清楚的。當初唸古文，柳宗元兩篇講中國歷史上的「封建」的文章〈封建論〉和〈桐葉封弟辨〉，已經把中國甚麼時候叫「封建」時期交代清楚了。

　　唐太宗時有過一場關於「封建」的辯論，探討了分封宗室對不對。蕭瑀、魏徵、李百藥、顏師古、劉秩、杜佑、柳宗元等在不同時期發表了意見。柳宗元那篇《封建論》具有總結意義。除了很多議論以外，柳宗元把自有古史以來至「秦有天下」以前叫做「封建」時期是很清楚明白的。其特徵是：「夫堯舜禹湯之事遠矣，及有周而甚詳：周有天下，裂土田而瓜分之，設五等，邦群後，布履星羅，四周於天下，輪運而輻集，合為朝覲會同，離為守臣扞城。」他說，這種形勢是自然形成的，不是哪個聖人策劃的。這種形勢到秦始皇吞併六國發生了變化。所謂「秦有天下，裂都會而為之郡邑，廢侯衛而為之守宰；據天下之雄圖，都六合之上游……」後來簡化為「廢封建，立郡縣」六個字。

這一廢一立的制度，明末清初的王夫之說「二千年弗能改矣」。中國歷史，從商周起，無論先秦的封建，還是秦始皇以後的皇權專制，都是以禮治民，等級制度和觀念一路貫穿下來，這是中國文明史最難改易的。

這些資料說明中國的「封建」時期在先秦。當然，秦漢以後在皇權統一為主的制度裏，還有封邑（分封宗室）之類，時時鬧得紛爭連連，甚至刀兵相見。但作為時期，「封建」是先秦的事。我先前是這樣理解的。

自從進來了歷史唯物主義的五種「生產方式」之後，特別是讀了郭沫若、范文瀾等不少權威的論著之後，我腦子裏產生了一種「革命」，但也因而雖糊塗卻順從之。原來我所理解的「封建時期」在先秦的早期有很大一段該算是「原始共產主義」和「奴隸制」。只是「奴隸制」和「封建制」交接處劃在何時，專家們莫衷一是。所謂「封建」則一直貫穿下來；我鑽牛角尖的是，秦始皇不是已廢了「封建」麼！？總之，歷史唯物主義說：那不算，秦漢以後才是「封建」時期；要不是帝國主義打進來，否則，中國也會像西方一樣進入「資本主義」的，毛主席在《中國革命與中國共產黨》中不是這樣說的麼？那麼再經過革命進入「社會主義—共產主義」，中國歷史就完全可以合了歷史唯物主義五種「生產方式」的轍了。不過這個「轍」合得十分勉強。

老天不睜眼，偏偏殺出個帝國主義來，把上面的紙上談兵畫出的路線圖打亂了，於是插上了一段「半封建半殖民地」時期。這時的「封建」二字早已不是柳宗元的意思了。

　　我在唸中國史時，在學校裏也讀世界史西洋史。其中在資本主義形成之前有一千來年的「Feudality」時期，不知最初出自誰手，把這段時期譯為「封建時期」。「封建」一詞中國古已有之，順手拿來，這譯名倒是既現成，又很確切、實在，在西歐既有「封」也有「建」。就這樣，中國的「封建」和西歐的「封建」畫上了等號。不過照我理解，籠統譯為「封建」並沒有表達出在西歐其實是「建」多於「封」。Feudality 源於「Fief」，譯為「采邑」，發展為獨立性很強的莊園領地（如果我把 Feudality 譯成「采邑」時期或「莊園」時期，定會引起我難以回答的學理問題），漸有了各自的法和權，特別是有了各自的工商業、稅收、司法、宗教、教育、醫療等等，市民社會的理念和萌芽以及民族國家都已在這個時期孕育當中。在精神領域裏，則從十三世紀起逐漸產生了「以人為本」的人文主義精神，發為近代自由、民主思想之濫觴。「文藝復興」出現在「中世紀」的尾聲，這些事情誰都知道，西歐的「封建時期」接着的是近代資本主義，直到今天是甚麼樣子，大家都在親臨着，無須我多嘴了。

　　至於中國的「封建」，它的直接後續不是像西歐那樣接上新世紀，而是孟子說的「定於一」，是「兩千年弗能改矣」的皇權專制制度，自秦漢啟始，經隋唐兩宋，到明清兩代而集大成。所以，此「封建」非彼「封建」，所處時期不同，內容更不同，一為上古，一為近古。如果不是在十九世紀中葉歷史的際會與西方文明相遇，幾乎可以肯定，中國皇權專制還會巋然不動。西方文明進來了才催化了固結不解的中國古代社會，才有了發生變異的契機。郭嵩燾曾經說：「西洋立國，自有本末，誠得其

道，則相輔以致富強，由此而保國，千年可也。不得其道，其禍亦反是。」康有為《上皇帝書》說：「若使地球未辟，泰西不來，雖後此千年率由不變可也。」我曾經把皇權專制比作「易拉罐」，必經外力才能把它打開，它自己是不會自動打開的。康有為就是這個意思。我們二十一世紀的人，總不能比一百多年前的康有為和郭嵩燾後退吧。

改革開放後，有人提出我們反封建主義不徹底；這話說得一點兒不錯。但這個「封建主義」必須指更加禍害嚴重的專制主義。因為中國歷史在先秦封建之後是一以貫之的皇權專制制度，它的流毒影響才是我國政治文明身上的病灶，只一般說反封建主義容易打馬虎眼；因為在我們一般人的了解，最容易的是把那些落後的風俗習慣稱作「封建」，是很泛化的，如父母包辦婚姻、上墳燒紙等等，不知不覺地淡化了專制的根本主題。

最近發現，有把秦漢至明清稱作中世紀的，這也是似是而非的。中世紀是西歐所特有的時段，相當於它們的「封建時期」，所以在書裏從來是大寫的，如 Middle Ages，套在中國歷史上不合適；中國自身根本沒有那麼一個為近代作準備的中世紀。這個問題涉及中國歷史上有沒有資本主義萌芽的問題，我認為是沒有的。若詳加論證是很複雜的，超出了這篇文章的範圍，就此打住，待以異日。

《書屋》，2008 年 7 月刊

歐洲與中國

　　講到歐洲文明對中國的影響，有些事幾乎可說是常識性的問題。我們常說中國有五千多年的光輝歷史，有過春秋戰國時代的鼎盛文明，有過漢唐那樣的盛世，等等。我們又常說，中國文化博大精深，沒有人能否認中國的文明是人類最古老的文明之一。然而，同樣不容否認的事實是，當十九世紀中國的大門稍稍打開一點，遇到了吹進來的「西風」的時候，中國社會便開始發生變化了，傳統文化抵擋不住這不期而至的歐風美雨。這原因本極簡單，根本原因就在於當歐洲已進入近代時，中國還生活在中古時代。所以，在與西洋相遇和相比時，便特別顯出中國大大地落後於時代。最根本的是三條。第一是我們沒有科學，沒有近代科學的觀念。第二是我們沒有歐洲從十八世紀起那樣的工業革命和啟蒙運動。第三是我們沒有民主和法治的傳統。在中國的傳統文化中找不到這三種東西。國門一開，歐洲的這些東西一定會進來，而國中欲求改革的明敏之士也勢必要向歐洲學習這些先進的東西為我所用。郭嵩燾所謂「西洋立國，自有本末，誠得其道，相輔以致富強，由此而保國，千年可也。不得其道，其禍亦反是」。這方面的著書立說，幾乎俯拾即是。若想拋開歐洲文明的影響，則中國近現代之文明史必定完全是另一種樣子。

「全球化」進程中中西文化的態勢

在十九世紀中葉，發生了中國和西洋的大規模接觸，西洋近代文明以各種方式、各種渠道大舉進入封閉的中國，這段歷史，人人皆知，不須細說。這裏特意要指出的是，中國文明史的自然進程至此被打亂了；從此，中國必須加入世界歷史的總進程，不可能再獨自地在原來的軌道上運行。事實上，歷史地看，中國從那時起已經開始提出了與外界「接軌」的問題了。不論當時提出怎樣的改良主張，吸收西方的經驗乃是勢之所趨。然而既是吸收，便是從自身體外吸收體內本來所沒有的，一如樹木的嫁接一樣。這就是說：

第一，從文明史的意義上講，這種嫁接必然之事，不是誰願意或不願意的事。我們現在講與國際接軌，也是一種嫁接。

第二，既是嫁接，那就不是從原來的「自然進程」中自生出來。所以自從與西方文明大量接觸以來，中國就進入了一種「非自然進程」當中，各種各樣未曾見聞的艱難險阻、各色大小難題由此而生。僅從文明自身的非自然演進來看，其中也勢必包含難以預計、難以窮盡的問題。

然而，中西大規模接觸沒有使歐洲文明的歷史進程被打亂。十五世紀的「地理大發現」以來，歐洲文明開始向外擴張，從歐洲到美洲，從歐洲到亞洲，從歐洲到非洲；在這期間，加速了生產力和科學技術的一浪推一浪的發展，加速了現代市場的形成，加速了資本主義首先在歐洲西部的出現，至十九世紀造成了馬克思和恩格斯在《共產黨宣言》裏說的「各民族在各

方面的互相往來和相互依賴」的局面。在這種局面裏，必定是使農村從屬於城市，使未開化和半開化的國家從屬於文明的國家，使農民的民族從屬於資產階級的民族，使東方從屬於西方。文明發展的規律，先進的勢必影響、帶動落後的；馬恩所謂「從屬」，說明了物質文明改造世界的決定性作用所帶來的必然現象。無論走甚麼路，任何一個正常發展的民族總是要從農業社會發展轉變為工商業社會、科技信息社會的。

我們建設社會主義現代化要引進國外的先進技術、管理經驗、資金設備，等等，要實行「拿來主義」，是完全符合文明發展的規律的。

現在世界已經進入「全球化」進程，這應是不爭的事實。屬於後來者的中國文明勢必要經歷一段必不可少的「非自然進程」的道路，然後在條件成熟時躍入新的、高一級的「自然進程」中去。

這裏有個怎樣看待「西學東漸」和「東學西漸」的影響的問題。一般來說，兩者產生的影響不是平衡的，不是等量的。東方從西方接受的影響比西方從東方接受的影響要大得多；東方接受西方影響的主動性比較大，西方施影響於東方的主動性比較大。這正是馬克思、恩格斯說的「使東方服從西方」的意思。然而正因此，東方對西方的了解總平均遠超過西方對東方的了解。無論從深度看、從廣度看，均如是。這裏有歷史因素，還有歷史形成的心理因素。主要是各自的出發點不一樣。

中國的出發點或目的性非常明確，從十九世紀中葉起就是為了富國強兵、自強自立而要求了解外界。從洋務運動直到今天的改革開放，雖然社會政治制度發生了根本性的變化，但是

要改變長期積弱落後的狀況、興建富強的現代化國家，始終是幾代中國人的民族心願。了解外界與對民族榮辱興衰的繫念，從來是緊緊聯在一起的。

當然，西方文明一旦被「拿來」，對中國的舊學，就產生了破壞性的衝擊，加速了中國傳統文明的「禮崩樂壞」的進程。西方文明的衝擊力量，自然不是孔學倫理所能抵擋的。李大釗1920年在《新青年》上著文說：「時代變了！西洋動的文明打進來了！西洋的工業經濟來壓迫東洋的農業經濟了！孔門倫理的基礎就根本動搖了！」於是建設取代舊文化的新文化的任務便在舊學根基的倒塌中提出來了，這個艱巨而複雜的工作，至今還沒有完成。

西方了解東方卻有着不同的出發點，它不需要從西方以外的世界去尋求自強自立之道，而是在施影響於外界的時候，多半是獵奇般地把外界的東西帶回來。例如基督教文明把自己當作「萬國宗教」，所以自認為有以上帝的名義改化「異教」的「使命」。與基督教相聯繫的，便有了歐洲中心主義的根深蒂固的心態，把中國等歐洲外的地區劃在他們的「世界」以外，像黑格爾說的，中國和印度都是處在「世界歷史」以外的民族。總之是「化外之地」。如今在西方當談到某事有「世界意義」時，這「世界」兩個字仍只限於西方文明所覆蓋的地域。即使是對中國文化持同情態度或抱有某種好感的人，也不免是歐洲文化中心主義者。例如，現在有一種說法，說中國的儒家學說曾對歐洲啟蒙運動有啟發作用，並舉萊布尼茨和伏爾泰為例，且有引以為弘揚儒學之助力的。這是把中國文化在一些知識界人士當中刻上的印象誇大為社會影響了。這是須另加詳辯的問題。

總之，「西學東漸」的影響是具有社會意義的；「東學西漸」則不具備社會性的影響。「西學東漸」，對於中國社會的變化起了很大的作用；從此，幾代知識界、文化、教育、工商界、宗教、政界都受到深淺不同的影響。「東學西漸」在西方絕無此種影響。這是文明的性質決定的，不存在是非問題，也不存在感情立場的親疏向背問題。

比較和超越比較

既要比較，更要超越比較。

中西文明異質，其史亦殊途。那麼，向前看，將怎樣呢？

一種主張說，世界自十五世紀起已進入「全球化」進程；在今天至少經濟上的「全球化」趨勢已無疑義，那麼某種「全球文化」也正在到處流走，便不是空談了。持異議者則謂，現在還是民族觀念為主的時代，民族間的矛盾、衝突、舉目可見，有些地區還有加劇之勢；在一般的國家關係中，國家主權或民族主權仍是根本因素。

在這裏，「全球化」和民族觀念互為矛盾，有如一對命題和反命題。前者以後者罔視「世界時代大潮流」，陷入了「狹隘的民族主義」。後者以前者罔視「民族根本利益」，陷入了「民族虛無主義」。

若辯證地看這問題，加以思辨，就會發現並不是非此即彼的。

廓清如下兩個問題是必要的：

第一是要廓清世界政治史和世界文明史的區別。從政治上看世界歷史，則人類歷史是充滿衝突的。而從文明發展史看，則是既有衝突也有融合的；從長時期遠距離看，文明的品格是前進的、開放的和融合的。「全球化」問題更多地應屬於人類文明發展必然性的問題。目前中國和世界有不少評論者，在看到「全球化」的進程時，便說民族界限以及它們之間的矛盾等都不存在、或不應該存在了。而當看到民族衝突比比皆是、社會矛盾尖銳時，便說「全球化」並不存在，或者馬上對「全球化」這一人類社會發展的大趨勢進行批判了。

第二是要廓清文明與文化的內涵。文明與文化常常混用，在這裏就是混用的。德國人分得比較清楚。概要言之，文明是外在的，文化是內在的。康德説，文明是看得見的，或者是做出來給人看的；文化是精神深處的。近代德國社會學家艾利亞斯（Elias Canetti）考證，「文明」二字源於中世紀宮廷中的禮儀，是表現出來的外在行為，漸漸地宮外的人學着做，以為這樣才顯得文明。這也算一解。我國錢穆先生説文明是物質的，容易傳導的；文化是精神的，不容易傳導的。他舉電影為例，説明有些東西是跨着文明和文化的；電影的器材，誰都可以用，但製作影片的構思、藝術加工等等屬於內在的東西就不容易傳播了。

我們現在把文明分為物質文明和精神文明。「物質文明」略等於康德概念中的「文明」，「精神文明」略等於康德概念中的「文化」。

結合「全球化」問題，我們可以看出文明的總趨勢是融合，文化的總趨勢是「百花齊放」。這也是相對地説，而非絕對地説。

　　這樣，可以列入文明範疇的，大約是：經濟流通、科技的發明和廣泛應用，先進制度的借鑒，國際交往的通則等等。這樣的「文明」不單純是物質的，也包括受物質制約和為物質所需要的某些上層建築。這方面的總趨勢是「融合」。說「總」趨勢是指歷史時期而言，是一種文明史觀。再重複一句，它當然不排除在現實生活中難以盡述的矛盾、衝突和鬥爭。

　　可列於文化範疇者，則哲學、宗教、文學、藝術、生活方式、風俗習慣等皆屬之。文化的總趨勢則不是融合的，但也不因而即簡單地說是衝突的，毋寧說是精神生活的多元發展和昇華，民族的特殊性將更多地、或主要地在文化（精神生活）中表現出來。

　　總之，世界是越來越連成一片了。任何一個國家的歷史都不能不擺在人類歷史的框架裏。所以就應以人類歷史的觀念去對待文明問題，超越東西方文明對立的情結。文明是與人類命運相結合的，文明無論其為東為西為南為北，凡有利於人類幸福與進步的，人人得而用之。這裏想借用一下王國維關於學術的意見，他主張「學術無新舊之分，無中外之分，無有用無用之分」。對文明和文化也應取超然的態度。

　　從比較東西方到超越東西方，體現了一種不斷進步的文明史觀，是一種博大寬宏的眼界。不比較，就看不到我們的落後；而不超越，也難以邁開雙腳走向未來。文明的問題不能與具體的、現實的利益糾葛混淆在一起，國家關係如何，歸根到底繫於政治和經濟權益，但它並不妨礙文明的溝通。

中國從何時開始落後於西方

布羅代爾曾說，歐洲是從十三世紀起開始終結中世紀前半期的停頓狀態而向前慢慢移動的；而中國社會則恰是在十三世紀停止發展了。布羅代爾說不知道為甚麼。布羅代爾提出了問題，卻沒有答案。布羅代爾說的大體不差。十三世紀正是中國的宋末元初。此時，漢唐的中央集權君主制連同它的相對說來最為璀璨的文明，已經失去了盛時的光彩，又沒有種下新的種子。南宋同外族的戰爭不少於北宋，且終滅於元。南宋縱使農業、手工業和商業有相當的發展，也難以扭轉社會的總體頹勢。在元朝的更為野蠻的統治下，中國社會根本陷於停頓，甚至開倒車了。到晚明利瑪竇等東來時，已顯見彼時的中國在一些科學領域裏比之西方遠為落後和匱乏的狀況了。利瑪竇等西方的傳教士帶來的天文、測繪、水利、幾何數學等知識使晚明的有識之士如徐光啟等深為折服，因而以師事之。即使利瑪竇帶來的自鳴鐘一類的小器物也叫一些朝廷中人驚羨不已。康乾歷稱「盛世」，但社會生產力並無根本性的進步，乾隆晚期，國運已現衰象。而這幾百年的歐洲文明則每個世紀都有新的創造；中西發展趨勢上的差異，於今觀之，已是十分昭然了。

為了把觀點擺得清楚些，不妨對截至十九世紀以前的幾個時期中西社會的不同發展趨勢加以對比。

十三世紀：中國皇權統治時期的鼎盛文明開始陷於停頓，即宋末元初之時。西歐則經過九世紀和十二世紀的小復興，開始向前邁進。

　　十五世紀：「地理大發現」，接下來是文藝復興、宗教革命，使西歐進入近代。中國正值兵虛財匱的晚明。

　　十八世紀：西歐在產業革命以後進入啟蒙時期和工業化時期。中國是康熙最後二十年和雍、乾、嘉慶初年。

　　十九世紀：西歐達到資本主義高峰期，中西相遇，巨大差距浮現出來，中國舊社會形態不敵外力的競爭開始瓦解；中國亦從此開始了救亡、啟蒙、革命的曲折而偉大的歷程。

　　這裏所着重的是發展趨勢（或「走向」）的比較。早先有一種看法，認為中國在生產總值方面直到很晚的時候還是超過歐洲的；到十九世紀突然發現不行的。後來比較一致的看法是中國比西方落後了四五百年，從發展趨勢看問題，這是比較符合歷史事實的。

　　然而，為甚麼會有這樣不同的發展趨勢呢？這問題就複雜了。時賢早有明確意見，那就是要到文明史中去找原因，歸根到底是因為中國文化缺少（甚至沒有）科學和科學思維，也沒有民主的傳統。牟宗三先生說，希臘哲學的「通孔」是自然哲學，中國哲學的「通孔」是生命哲學，前者重知，後者重德。中西文化就這樣順着不同路向延續下來了。他說：「西方希臘哲學傳統開頭是自然哲學，開哲學傳統同時也開科學傳統。中國沒有西方式的哲學傳統，後來也沒有發展出科學，儘管中國也有一些科技性的知識。李約瑟就拼命地講中國科學的發展史，講歸講，講了那麼一大堆，它究竟沒有成為現代的科學。」

　　馮友蘭先生早年負笈域外，在 1922 年著文（《為甚麼中國沒有科學》）說：

　　我們若把中國的歷史和若干世紀前歐洲的歷史加以比較，比方說，和文藝復興以前比較，就看出，它們雖然不同類，然而是在一個水平上。但是現在，中國仍然是舊的，而西方各國已經是新的。

他說：

　　中國落後，在於她沒有科學。這個事實對於中國現實生活狀況的影響，不僅在物質方面，而且在精神方面，是很明顯的。

　　顧準先生則進而深入到歐洲文化的「精神方面」，他把希臘思想看作是「有教養的貴族靜觀世界為之出神的體系」，是「從希臘工商業城邦的手藝匠師對客觀事物的『變革』過程中精煉出來的」。「它以笨人的窮根究底的精神，企圖從日常生活中找出一條理解宇宙秘密的道路來」。這部分精神後來被理性主義所繼承，形成了科學的傳統和民主的傳統，不以政治權威為準的求知傳統。中國的文化傳統則不同，顧準名之為「史官文化」，「所謂史官文化者，以政治權威為無上權威，使文化從屬於政治權威，絕對不得涉及超過政治權威的宇宙與其他問題的這種文化之謂也」。這種文化從一開始就不是對宇宙作獨立的研究，所以它的路向不是科學的。

　　從上面自十三世紀至十九世紀中、西方文明發展趨勢的比較來看，中國傳統文化中顯然缺少了兩樣東西，即以理性為基礎的科學精神和民主精神。民主精神還可以分為民主、自由和尊重人的權利的精神。五四運動的先進人士提倡「賽先生」和「德先生」的精神，實為我國最根本的問題。「理性」說到底就

是：是其所是，非其所非。所以科學與民主都離不開「理性」的推動作用。

對歷史是既不能假設，也不能責怪的。當然更不能抱殘守缺。唯一的、正確的態度是承認歷史和現實；了解歐洲文明和它的發展歷程，說到底正是為了更好地了解我們自己，尤其是了解我們歷史上所缺少的東西，以便在邁向現代化的大道上，儘快趕上去。

《民主與科學》，2007 年 4 月 30 日

中國知識分子與西學

尋孔顏樂處，所樂何事？
── 閑話知識分子與治學

在經濟大潮洶湧澎湃、幹甚麼都講求「面向市場」的今天，要專心致志地做學問確實很不容易。不久前，在大學執教幾十春秋的老友來信說，他有一大厲言為學要「甘於寂寞」、「耐得清貧」，說罷，「頗遭人白眼」云。老友自然未免「不合時宜」，算他自找；但我卻真的有一種類似「尋孔顏樂處，所樂何事」的感慨。於是產生了這篇讀書人的「閑話」。

「知識分子」，古無此稱，是近世的舶來品，蓋譯自intellectual。字根是 intellect，屬「才智」、「理智」、「心智」之類，其功能有別於「感官」。牛津大字典作如是解。因此，intellect 異於一般意義的「知識」（knowledge）。曾有一時期譯為「智識」，似更接近原意些。

「知識分子」一詞在西方何時用起來的，未及詳考。以法國論，伏爾泰還沒有用過，他在《哲學通信》裏用的是 gens de lettres，我們譯為「文人」，無論從字面上、抑從含義上看，都極恰。伏爾泰在《百科全書》「文人」條目下為之界定如下：

> 「文人」這個詞和「語法家」這個詞是意義相同的。在希臘和羅馬人的心目中，所謂「語法家」，不單精通實際上所謂語法而已（語法是一切知識的基礎），而且對於幾何、

哲學、通史和專史也不是外行，尤其要求研究過詩和雄辯學；符合這些要求的人正是今日我們的「文人」。人們不把「文人」的名稱給予一個知識有限、只研究一種學問的人。[1]

按照伏爾泰，「文人」到了十八世紀更加重視哲學精神了：「這種哲學精神彷彿構成了文人的特徵；如果這種精神和高尚的興趣結合在一起，那麼，它就形成了一個完善的文人。」

對於這種具有時代精神的人，法國《萬國百科全書》（*Encyclopédie universalis*）解釋說，在十八世紀的西歐出現了一批思想家、哲學家，他們起而批判舊傳統、神學設教和教會的形而上學，結果之一是推動了近代科學的發展。這就是我們所習知的「啟蒙運動」的先驅。亦即馬克思和恩格斯從《神聖家族》（*Die heilige Familie*）到《費爾巴哈和德國古典哲學的終結》（*Ludwig Feuerbach und der Ausgang der klassischen deutschen Philosophie*）等等一再提到的英國的和法國的「唯物主義者」。

其實，伏爾泰所說的文人，也許還可以往前推一個世紀。比如笛卡爾、斯賓諾莎一類的人。照黑格爾說，「在哲學上，笛卡爾開創了一個全新的方向：從他起，開始了哲學上的新時代；從此哲學文化改弦更張，可以在思想中以普遍性的形式把握它的高級精神原則。」[2] 從那時起，理性思維同信仰分了家，同感性經驗也分開了。「我們現在從事的只是尋求真理，所以我

1　［法］伏爾泰，《哲學通信》，中譯本，第 255 頁，第 23 封信註。
2　［德］黑格爾，《哲學史講演錄》，中譯本，第四卷，商務印書館，1983 年，第 65 頁。

們首先就要懷疑感性的東西和想像的東西是否存在。」[3] 笛卡爾們比之那些經院哲學家們，比起布魯諾、伽利略們，顯然更加接近近代意義的知識分子。

　　據說在法國給 intellectuels 一詞以社會學屬性，是在十九世紀後半葉，然後普遍於西歐。論者說，這個詞實際上是在法國的德雷弗斯事件（Dreyfus Affair）以後才廣泛用起來的。左拉（Émile Zola）在 1898 年 1 月 13 日以《我控訴！》為題給總統寫了一封公開信，呼籲重審德雷弗斯被誣案。第二天，這封公開信在《曙光》報上刊出，主編克雷孟梭（Georges Clemenceau）用「知識分子宣言」幾個字來形容它。很快，只要一提 intellectuels，人們就理解為主張為德雷弗斯平反的作家、教授、新聞記者們，他們對時政和時局多所指陳訾議，成為政治上激進色彩很濃的人。

　　十九世紀末期，在俄國出現了 intelligensia 一詞，我們譯作「知識界」，指的是對沙皇制度持批判態度的那一批「文人」。這比左拉寫《我控訴！》還要早些。總之，不管是俄國的 intelligensia，還是西歐的 intellectuals 都帶有對社會的批判意義。當然發展到今天，這個詞已具有廣泛得多的含義了。不過，至少在法國，這個詞在一般老百姓的眼裏總多少與左翼政治取向有些瓜葛。因此人們很容易就想起法朗士（Anatole France）、羅曼‧羅蘭、萊昂‧布魯姆（André Léon Blum）、普魯斯特（Marcel Proust），直到當代的阿拉貢（Louis Aragon）、

3　同上書，第 68 頁。

薩特（Jean-Paul Sartre）等等一大串名人。這類情況在其他西方國家也大同小異地存在。只要一提「知識分子」，除去指一般受過高等教育的人之外，還有一層思想傾向的意思，就是說這批人經常喜歡對時政和社會發些批評性的評論。

中國是甚麼時候開始用「知識分子」一詞的，我也說不清。或曰始於「五四」。誠然，中國的近代意義的知識分子集中地登上「政治舞台」，「五四」是一開篇，但那時似乎還無此稱謂。未仔細查過，不敢斷言。在我的印象中似乎是在解放區先用起來的，如《毛選》中的一些文章；解放後是普遍地應用了。在古代大概就是「士」、「君子」，或「書生」一類。這樣的人和求仕總是連在一起的。「學而優則仕」幾成家喻戶曉的通理。周霄問孟子：「古之君子仕乎？」孟子斷然回答說：「仕。」然後引經據典地說「孔子三月無君，則皇皇如也」。還一再強調：「士之失位也，猶諸侯之失國家也……」「士之仕也，猶農夫之耕也。」讀書以求仕進乃是讀書人的天職。當然，「古之人未嘗不欲仕也，又惡不由其道。不由其道而往之者，與鑽穴隙之類也。」當官不能靠左道旁門。

問題是從士到仕並非人人可致的通途。原因是很多的，因而仕途不通便覺失意往往是普遍現象。當然也可以因仕途未通而關進自己的「象牙塔」裏去，所謂「宦情秋露，學境春風」。有的發出「讀書無用論」的感歎，如：「誤矣載書三十乘，東門何地不宜瓜。」（宋人陳與義）之類。中國讀書人的這些傳統心態似乎到今天也沒有絕跡。至於說書讀得越多越蠢，則是另一種心境，屬於一種偏見，並非出自讀書人自身的感慨繫之。

　　總之，中國之士階層一見於詞章文學（吟詩作畫都在裏面）；一見於道德文章，所謂「文以載道」（仕途經濟、倫理政治都在裏面）。但道德文章是主體，吟詩作畫是幫襯。道德文章離不開「實用」，叫做「經世致用」，那是從政的意思，非關「奇技淫巧」的工藝，更非關抽象的理性思辨。清人陳遇夫《史見》中說得甚恰：「孔子憲夫後之學者，求之高遠，茫乎不知岸畔，而莫得其指歸也；是故引而近之日用之間，使切實可行。」又說《中庸》之旨在於「以實心行實事」，「是故立說以教人，必引而近之，使求之日用行事之實，而不索之於性天幽遠之區，此聖人之意也。」東晉尚老莊「清談」，顯有悖於夫子正統。而宋明動言理氣心性，卻終未離開「聖學體用」；朱子甚至從祀孔廟，凡要求得一官半職的，還要給他燒一炷香，請他保佑。

　　「經世致用」到嚴復而有新意，緊密地同時局聯繫起來，並因而有革命的意義，如說，「中土學術政教」其病有二，一曰「無用」，「非今日救弱救貧之切用」；二曰「無實」，「所托越高，去實滋遠；徒多偽道，何裨民生也哉！」至此，中國的士除「聖人之意」之外，學問乃擴及「西學格致」，因為西學之「道」，「一理之明，一法之立，必驗之物，事事而皆然，而後定之為不易。」（《救亡決論》）從此，嚴復為士立了一個新道統，非為登仕，乃為救時，然而學是為了用並沒有變，但學的內容變了，用的目的也變了。

　　這個「新道統」滲透到知識分子血液靈魂之中，養成了為憂國憂民而上下求索的執着性子——從救亡圖存到科學救國、工業救國、教育救國，到建設國家，到搞現代化——不管在甚麼情況下，這條線沒有須臾中斷過；驅之不去，雖九死而不悔。

所以，我認為，中國古之士傳下來的安身立命的終生奮鬥目標，濃縮起來，就是「見知」、「見用」，倘不能完遂，就不免惶惶然了。

今天在用「知識分子」這個詞時，它的含義早已遠遠地超過了中國的古之「士」，或伏爾泰筆下的「gens des lettres」的範圍。照羅森塔爾和尤金主編的《簡明哲學辭典》「知識分子」條目，知識分子是「由腦力勞動者所構成的社會階層」、「工程師、技師及其他技術人員的代表、醫生、律師、藝術工作者、教師、科學工作者和大部分職員都屬這一社會階層。」我們習說的知識分子，也指的是這些包羅各行各業的讀過些書的人。在談論這些人的時候，多是要評論他們的學識、他們所操的行業有甚麼用處。所謂「用其一技之長」。倘有的人議論多了而不能產生甚麼看得見的「效益」，就會有「百無一用是書生」之歎，而遭「坐而論道」之譏。總之，知識分子，不管所司何事，在世人眼中，總是跟「有用」、「無用」連在一起的。於此，古今每有相通者。西方的知識界由於早有伏爾泰所謂「求真知」的傳統，並不一味與求仕、求用緊緊相連，所以為「純學術」保留了較多的地盤。這可能與希臘思想傳下來的獨立求知的理性人文傳統有關；這個傳統後來又經宗教革命和文藝復興而大昌。因此直到今天，西方的「知識分子」仍多偏指思想領域裏的學者，不像羅森塔爾和尤金所界定之寬，也不如我國「知識分子」一詞覆蓋面之廣。

以往我們在談及知識分子時，一向不籠統歸之於某一個階級，蓋各階級都有自己的知識分子，「知識分子」多被當作「統戰」對象。看某一具體的知識分子，總要看他是「附着」在哪

個階級的身上，故有「皮之不存，毛將焉附」之論。今天，知識分子雖被稱為「工人階級的一部分」，但由於種種原因，其處境、心境不僅與工人大異，即使在知識分子之間亦每不相同。如像我這一類知識分子就有自己特殊的心境，科技人員、經濟工作者或政府部門的知識分子幹部，就不一定有類似的想法，不能一概而論。所以這裏也只能說「我之類」的知識分子最關心的問題。

「我之類」的人的特點之一就是，從文化背景上說，居於中西新舊之間：同中國傳統文化「剪不斷，理還亂」，當然涉足有深淺之不同；受了些西洋文明的陶冶，當然難免一知半解；學了點馬列，每每生吞活剝；對「現代化」盼之極殷，想法不少，但「辦法」不多；對於社會上已然流行的事情，不時露出幾分「傻氣」……有朋友說屬邊緣人物。自我欣賞時，有四通八達之感；失意時，又頓覺幾面都不沾邊。反正不屬新潮化了的一代，因此在「下海」的風口浪尖上，或不屑一顧，或無能一顧，總之只能從不同的角度「望海興歎」。歎之最深的，是自己幾十年熟悉的那點兒東西大大掉了價，因此失落感特重。「儒冠多誤身」，古已有之；輪到自己，也同樣不甘心。

這種複雜的心理，同傳統文化（以及某些所謂「純學術」）的受到衝擊頗有關係，或者說弄文史哲的人多屬之。日前在電視裏偶然看到有為「嚴肅」音樂（！）鼓呼者，發現亦同此心境。衝擊來自兩方面。其一來自所謂「俗文化」。如今，新一代的知識分子已很少受到傳統文化的教化了，尤其是青年人，恐怕多數人都沒有受過系統的「舊教育」，或者說大都沒有這些東西「墊底」，如同一派白紙，好畫最新最美的圖畫，果真如此，

多麼是好！但是卻一下子被半是「舶來品」、半是土生土長的以商業文化、通俗文化為主體的畸形文化氛圍包圍起來，難免食而不化。這種畸形文化，不管你喜歡不喜歡，反正是鋪天蓋地般撲來了。我經常哀歎，這是一次對傳統文化（以及對所謂純學術、嚴肅音樂、京戲昆曲等等，準確些說，許多中外屬「高層」的和民間的文化寶藏都不同程度地被殃及）的致命打擊，比以往任何時候的民族虛無主義或別的甚麼主義都狠而猛。

其二，也許是更重要的──傳統文化受到了「現代化」的衝擊。「現代化」要經濟，要科技。傳統文化使不上勁兒。至於說有些傳統文化可以弄來「硬通貨」，此屬「生意經」，不在此列。

於是聽說過兩種議論。一種可稱為悲觀論調：傳統文化氣數已盡，無可奈何花落去了。另一說未必：現在大家搞錢，是當務之急，等將來富裕了，自然「行有餘力，則以學文」，到那時，傳統文化等等「風雅頌」的東西還將有一番風光。這兩種說法都似是而非。第一種是因為傳統文化攀不上「現代化」而來的。熊掌與魚之間可作斷然的選擇，而這裏涉及的卻是精神領域的失落，其痛苦可知。第二種則把傳統文化約略等於點綴人生的裝潢，不見有些大款為附庸風雅而擺上幾套豪華版的文學名著乎？

當然還有一種議論，想方設法地把傳統文化拔到同現代化掛鈎的水平。以為這樣就提高了身價。例如把一些古訓予以高度發揮，賦以現代意義，「內聖外王」拿到今天可以意味着「四化」，「為萬世開太平」亦可寓意「共產主義」的遠大理想等等。

這些，對於總覺得傳統文化和現代化是「兩張皮」的我，終是仰之彌高，但是卻信之不堅。

我認為，傳統就是傳統，說中國傳統哲學博大精深，並不在乎它有多少實際的用處；有的可以有實用價值，有的就沒有，有的就是該進博物館。過去一提進博物館，便帶有不時興、不受待見的政治性隱喻，一旦進了博物館，就日薄西山、氣息奄奄了。那是一種討伐舊體制的比喻，並非對博物館及其文化的否定。因為博物館所包蘊的歷史的、文化的意義，對於一個偉大而古老的民族來說，其價值豈止連城！因為傳統文化不是別的，而是民族的精神財富，豐饒的歷史積累，它體現着一個民族的智慧和感情、興衰和榮辱……對「古為今用」作膠柱鼓瑟的解釋、或勉強地給它標上實用價值，直至拿到市場上去闖蕩，那都不是提高它，而恰恰是貶低它。

細想想，問題終是擺脫不了「有用」、「無用」的情結，因而不能心安理得地還它以應有的位置。說來說去，老是要委以興國治邦的重任，讓它起不該它起的作用，甚至預言它到二十一世紀可以領導世界哲學新潮流，才覺得不辱沒了它。然而這真的是大可不必的。

最後再扯幾句「為學術而學術」問題，但願並非蛇足。作學術研究的人談起它仍免不了心有餘悸，原因之一是它似乎就是「脫離政治」的同義語，因而與「白專道路」相去不遠。這類批判的陰影在知識界的記憶裏是很難抹掉的。

事情本來很簡單，作為獨立治學的精神，它無非指的一種認真而徹底的態度。恩格斯說，理論要徹底才有說服力。徹底就是純然地去探尋事之然和所以然。倘若不是這樣，在研究問

題時或者隨俗趨勢，或者依憑一己好惡，或者存有事功之心，或者求保險、穩妥，於是便時然亦然，時非亦非，時作「違心之論」，那便是為學之大忌，學人所不當為。王安石在青年時曾說：「夫君子有窮苦顛跌、不肯一失詘己以從時者，不以時勝道也。」這「不以時勝道」，就是「為學術而學術」的精神。不久前翻閱葉聖陶老人的早年散文，發現 句十分貼切的話，他說：「研究云者，自己站在這東西的外面，而去爬剔、分析、檢察這東西的意思。」我想，這與「實踐是檢驗真理的唯一標準」「不唯上、不唯書、只唯實」等等不都是一致的麼？

所以，「為學術而學術」，說到底，就是求真知，求真理的精神。一個真正的知識分子就該有這種精神，這攀不上「脫離政治」和「白專道路」。它與「學以致用」最終也不是對立的，因為即使實用性很強的學問，在作研究的時候，也需嚴格尊重它的固有規律，這是一種負責任的、正派的態度；否則，明明不對頭也要用，或明明對頭也不用，豈不南轅北轍！

看來，「為學術而學術」，非不能也；只緣我們過去的坎坷太多，便有意無意地加以規避了。當然，如今作學問，難處確實不少，需得操心勞神處頗多。比如，出學術著作，多方掣肘，又不是誰都有拉「贊助」的本事和機遇，在這個時候放言「只求耕耘、不問收穫」的「高尚情操」，就難免給人以空口說白話的印象，似乎有點兒「站着說話不腰疼」也。

驟然想到李白的一句詩：「我縱言之將何補？」閑話應該就此打住，「閑話」云云，本來就是說說而已。

1993 年 6 月

中國知識分子的「憂患意識」

袁明寫了一篇這類文章來徵求意見。

嚴格說，中國的知識分子不是純粹的「知識」分子，像西方的那樣沿着學識的道路心無旁騖、不求仕進的「知識」分子不多。西方知識分子也要屈服於非知識領域的東西，例如神和君主，但他們擁有的純知識的地盤寬得多。這有個傳統問題，希臘時期的哲學家比我們春秋戰國時期的儒墨法，對統治者的從屬性要少得多。中國就出不了蘇格拉底（Socrates）。伏爾泰把對神的態度劃給信仰，而把「求真理」（in search of truth）劃歸人的認識。給信仰和理性分了工。

中國知識分子對「神」不像西方人那麼執着，要機動得多，他們更看重現世。他們講「天」，說：「獲罪於天，無所禱也。」但那「天」的含義非常朦朧。也講神，但那神多偏於理念，充其量是泛神。《左傳》裏魯桓公六年，隨季梁對隨侯說：「夫民，神之主也。」老百姓餓了肚子，你派人祭天，神也不會降福；只有「民和年豐」，神才會降福。最精彩的是他說：「今民各有心，而鬼神乏主。」他認為鬼神的主心骨是人。所以，中國的神不像西方上帝那樣有制約力。

這也許算是中國知識分子的一個優良傳統，沒有或較少神學的心理羈絆。然而，他們雖獨立於神，卻牢牢地同政治捆在一起；求知的目的是「經世致用」，在封建社會就是要求仕進，

理想是「修身，齊家，治國，平天下」，具體講叫「邇以事父，遠以事君」。在今天，早已不是這一套了，但還是要「經世致用」，另有了今天要實現的理想，具體講叫做經濟效益、社會效益等等。總之，求知的直接目的在於有用。因此對那「知」的本身並不強調其獨立的意義。亞里士多德（Aristotle）說，求知是人的本性。中國傳統上無此理。中國人所習慣的，既不是笛卡爾的二元論，也不是黑格爾的「絕對精神」，而是「實用」，講究「文以載道」。荀子說人應該像蚯蚓那樣勤於學，「其心一也」。然而那講的是治學的態度，也不是「學」本身的獨立性。

所以中國知識分子從古到今都是同政治和道德結合在一起的。就是說中國的知識分子比較政治化，這其間也就包括了憂國憂民的憂患意識。應該說，這是中國知識分子的一大優良傳統，「國家興亡，匹夫有責」，「家事，國事，天下事，事事關心」。

然而，也正是由於這種政治化，純粹地求知，循理性以進地去徹底地窮究事物的規律，就比較差；因為心裏總有個服務的目標，要探尋的東西總不能離開這個目標。而萬千學問哪能絲毫不爽地切合這樣的「合目的性」呢？

再者，也還是由於這種政治化，中國知識分子每每擺脫不掉政治的風浪。在中國，知識分子的常態是與政治的不解之緣。也有不問政治的一途，那在過去就叫做「白專道路」，而「拔白旗」就分明是政治鬥爭了。

當然，中國近代史期的知識分子的政治化也好，經世致用也好，已經告別了「致君堯舜上」了，而是有了新的時代內容，即：中國的積弱與西方國家的富強形成的強烈對照 ── 特別是

受到外國的侵凌 —— 使知識分子的憂患意識上升到全部思維和思慮的首位。於是他們急不可待地要把可以富國強兵的本領學到手。到今天改革開放的時代，中國知識分子的「憂患意識」毫不減弱，依然是深深的憂國憂民，所謂「雖九死其未悔」！

　　強烈而沉重的社會責任感，不消說，是中國知識分子最可寶貴的品質。然而，道德律總難免妨礙求知的徹底性。這似乎是個無法解脫的矛盾問題。

1988 年 11 月 27 日

知識分子的良知

　　黃宗羲說：「自姚江指點出『良知人人現在，一反觀而自得』，便人人有個作聖之路。故無姚江，則古來之學脈絕矣。」

　　王陽明是否真有這麼大的作用，且不去管他，憑着「良知」而「反觀」則是應該的；至於「反觀」而後能否「自得」，卻又是另一回事了。因為：

　　一、「反觀」以後越發覺得「良知」受損。或需自譴自責、無限上綱，或需免開尊口、事事隱忍，或需作違心之論，以求息事寧人。這都是心裏明白而無法「自得」的。

　　二、憑「良知」而「反觀」之後依然弄不清楚。因為「良知」不是萬靈藥石，許多事偏不是只靠「良知」就能解決的，因此也難「自得」。

　　於是又回到一句老話去：只要清夜捫心沒有做昧心的事就行了。而一個正直的知識分子的操守也正在此。

　　光止於此還不夠，還需要理智。理智不止於「良知」，而且包含了對事情的妥善處置。這看來矛盾，有時符合理智的舉措竟然違背了「良知」。這自然難免使人痛苦。但為人處世卻是免不了的。

　　「致吾心良知之天理於事事物物，則事事物物皆得其理。」陽明先生真是太天真了，天下事何曾有如此簡單的。

1989 年 9 月 30 日

保護大腦

　　《文匯讀書周報》4 月 5 日的一期裏載有摘自莫斯科遺產出版社 1994 年版的《不為人知的高爾基》一書中高爾基（Maxim Gorky）給列寧（Vladimir Lenin）的五封信。這樣的書和書中包括的這樣的信，在以前的蘇聯是出不來的。甚至可以說，即使出了，在過去的中國也是很難翻譯出版的。足見人們呼吸到的空氣裏，確實有了相當的自由成分。

　　時代在變化，昔日視為定論的歷史，有些難免要改寫了。

　　高爾基這五封信都是針對着新生的蘇維埃政權怎樣虐待知識分子的。讀起來並不使我覺得奇怪，因為太熟悉那樣的事情了。不覺得奇怪，但仍不免要心驚肉跳。高爾基是以震顫的良心，和着血和淚，寫下這樣的句子的：

> 　　對我來説，國家的財富、人民的力量表現在其理智力的數量和質量上。革命只是在它促進這些力量的成長和發展時才有意義。對於搞科學的人們必須儘可能地愛護和尊重，這在我們這個 17 歲的少年們都要進軍營，都要走上國內戰爭的屠場，而理智力的發展將長時間受到遏制的國家裏尤其是必需的。
>
> 　　我們在拯救自己的小命的同時正在割人民的頭，在消滅他的大腦。顯然，既然我們正採取我認為是消滅國家的科學

力量的這種野蠻而可恥的措施，那我們就沒有勝利的希望，也沒有光榮犧牲的勇氣。

這絕非危言聳聽。前人付出的代價太大，然而步前人後塵的人，還一代一代地演着同樣的戲——破壞人體大腦的戲。如果把歷次政治運動之獲罪者和各種以言獲罪者，都集為一冊，為摧毀民族「大腦」之實錄，必有可觀。所以拿今天來衡量昨天，今天的自由度確實大得多了。並不是都變得主觀上開明了，而是由於時勢使然，「官」者「管」也；為官的，註定是要「管」人的。「管」之一法便是限制人們的自由。甚麼時候不需要對人的自由加以管制，而人的自由又與人的意志自律達到了圓滿的一致，那「官」也就無所用了。

然而，無論怎樣管，總不要傷害人的大腦，而是要保護它、加強它才能使人健康成長而富有理智力。一個人，倘大腦受傷，則有變成癱瘓或癡呆的危險；一個民族，倘大腦受傷，則會淪為劣等民族。

所以，對知識和掌握知識的大腦的壓迫，究其實，是對民族的戕害。

1997 年 4 月 16 日

夢後速寫

　　半夜醒來，再睡不着，順手翻看剛來的《隨筆》(第 5 期)，裏面有幾篇邵燕祥兄的《小隨筆》，每篇所述均有契於心，尤其是第一篇〈水做和泥做〉，使我特別受到觸動。

　　之所以然，是因為我家恰好有一個燕祥文中「學齡前」兒童——我們的小外孫女丫丫、四歲半的「心肝寶貝」——四歲半不正屬於文中所說的「是水做的」年齡麼。丫丫從出生起每年都跟着媽媽從巴黎回一趟「家」，每次兩個來月，使我們二老得享「繞膝之樂」。丫丫每年來都有新套套，今年的雋語之一是向我們宣佈：「我，一點一點，長大！」是的，這是天真稚氣的大實話！然而等將來真的長大了會怎樣呢？一瓶純淨水能避免得了社會的污染麼？不過，何苦再想下去呢？那時很可能，或者肯定我們都去見上帝了；現在只想留住她四五歲時的「天真未鑿，純潔無邪，乾乾淨淨的、透透亮亮的」童稚狀態。想着想着，迷迷糊糊地睡着了。

　　說也怪，一閉眼便做夢，而且是一個非常「清醒」的夢，也許和剛才想的有某種無形的聯繫，雖然二者完全是兩碼事。在夢裏，我在看一本波蘭學者米奇尼克 (Adam Michnik) 的文集。書題《通往公民社會》。這位老米大概與我年紀相仿，從他的敍述中了解到，他應當比我小幾歲，但也在七十上下了。因為他所親歷的在波蘭發生的從二十世紀五十年代以來的令

人眩暈的幕幕事變，我幾乎都不生疏。哥穆爾卡（Wladyslaw Gomulka）、西倫凱維茨（Józef Cyrankiewicz）、瓦文薩（Lech Walesa）、雅魯澤爾斯基（Wojciech Jaruzelski）……一個個熟悉的名字一閃而過，直到大變動的年月，「極權社會」倒塌後繼之而來的是「轉型社會」的新時期。

東歐民族，由於它們曾經受到過特殊的歷史遭際，它們的知識分子對於要甚麼和不要甚麼，十分清楚，因而每每有其特殊的、深沉而又尖銳的、時常備受壓抑卻極有韌性的批判精神；這種精神一直不絕如縷，壓而又起。米奇尼克和他在監獄內外寫的眾多文章，就凝聚了這種精神的吶喊和對光明的追求。「通往公民社會」之路是取代已然垮掉的極權社會的唯一道路。作為公民社會的一分子，他要爭取和保持住吶喊的權利，要享有充分發表自己意見的權利。是權利而不是權力。老米絕對要謀求這種作為公民的神聖權利，並把「權利」和「權力」截然劃分清楚；如果把權利化為權力，或者混淆了二者的界線，那就有與公民社會背道而馳的危險。

譯者崔衛平為每篇文章作了入木三分的點評；她的點評幫助我讀懂了這本書。在夢中，我向我的一位老朋友推薦這本書；他問道：米奇尼克是誰？我還沒來得及回答，在迷迷糊糊中醒來了，夢裏的線條仍然十分清晰，一點兒也沒有忘。

是的，為要保持住人的純潔性和完整人格，即使不是「水做的」，也要能抵抗污濁的社會和權力的濫用，那就必須為實現公民社會的理想而人人盡力。在這樣的社會裏，只有公民有發表自己意見的自由，而絕對沒有權勢者濫用權力的自由。這就是這本書所要說的。此時我再次想到康德的一句名言：「必須有

公開運用自己理性的自由，並且惟有它才能帶來人類的啟蒙。」這句話經常而又反覆地在我心中閃現。康德在「公開」下面加了重點號，意義深長。

　　但願我們的丫丫在「一點一點長大」時，定然會抵禦住社會上的污泥濁水。

　　　　　　　　2005 年 9 月 24 日速就於京中芳古園陋室

徐光啟的命運和啟示

現在講中西文化交流的專著和文章很多。在中西文化交流的歷史方面，我特別推崇晚明的徐光啟，以為他是位「開拓性」的歷史人物，理應給他一個重要的地位，讓後人記住他的功績。幾年前經過上海徐家匯，問徐光啟墓在何處，率皆語焉不詳，在剛剛聳立起的高樓大廈之中，似乎是「只在此山中，雲深不知處」了。又過了兩三年，《文匯報》登了一條消息，說將重修徐墓，可見人們沒有忘記他。

徐光啟在史書裏，記他的生平是有的，如《明史》、《國榷》、《罪惟錄》等等都有記載。不過在今天我覺得如不是專門研究歷史的人，便不一定對徐光啟有很「突出」的印象。

徐出身農家，幼學孔孟，認為「因朱子以見宣尼之正脈，而俾天下國家實受真儒之益」，是個傳統的讀書人，對君忠，對父孝，對子慈；這樣的人在宗法社會裏並不稀奇。但是重要的是他在中年遇見了耶穌會傳教士利瑪竇等，從此使他的一生增添了異彩。他看準了來自西洋的科學，以為是利國利民的學問，於是恭恭敬敬地請教，孜孜以求；除翻譯了《幾何原本》六卷外，還學了西洋的測量、水法、天文諸學，以之用於屯田、鹽務諸事。有些守舊的人說這些東西沒有多少用處，他說

這是根本的學問，「不用之用，眾用之基」；「下學工夫，有理有事；此書（《幾何原本》）為益，能令學理者，祛其浮氣，練其精心；學事者資其定法，發其巧思，故舉世無一人不當學」。

他皈依了基督教，在當時怕是一驚人之舉（同時入教的還有他的朋友李之藻、楊廷筠，是為明代基督教三立柱）。他認為，「天主實義」的道德律與中國先儒是相通的，不僅達乎外表，而且深入人之中情，可以「補益王化，左右儒術，救正佛法」（徐氏對佛釋的評語是「似是而非」、「幽邈無當」……利瑪竇出自傳教動機，排佛甚力，徐之用心，似與之不盡相同，此處不贅）。

徐著述甚豐，文章寫得很好，他是「經世致用」派，作文都有一定的實用目的，極少為文而文；在有明一代著名的文章家中，他排不上號。過去許多文選中，大都只選他的《甘薯疏序》，其實那並不是他的「代表作」。最能表達他的精神的，應該是明神宗萬曆四十四年（公元 1616 年）的《辯學章疏》。我激賞這篇文章的雄辯。

當時正是禮部尚書沈㴶在閹黨支持下迫害傳教士和教徒的時候，晚明社會上上下下掀起一陣排教風。誠然，傳教士的個人為人是各種各樣的，有些人的行為激起了民怨，給沈㴶等守舊派排教以口實。可是徐光啟結交的洋人，都是些正人君子，學有專長；但這些人也給一鍋煮了。徐光啟給家人寫信說，如果有傳教士從南京逃到徐家匯避難，務必把他們安頓好，保護起來。

據《辯學章疏》，沈㴶上送的「邸報」說，傳教士們「其説浸淫，即士大夫亦有信向之者」。徐光啟説，這「信向之者」分

明指的就是我，所以必須說說清楚。他理直氣壯地寫道：「臣累年以來，因與講究考求，知此諸臣最真最確，不止蹤跡心事一無可疑，實皆聖賢之徒也。且其道甚正，其守甚嚴，其學甚博，其識甚精，其心甚真，其見甚定，在彼國中亦皆千人之英，萬人之傑……」鏗鏗鏘鏘，擲地有金石聲。意思是說，跟這樣的洋人交遊有甚麼不可，「苟利於國，遠近何論焉」？

徐光啟給皇上出了三條「試驗之法」，看看這些傳教士是些怎樣的人。第一，把一些有名的傳教士召到京城，遴選幾位內外大臣，同他們一起翻譯「西來經傳」，凡是事天愛人、格物窮理的論說，治國平天下的道理，下及天文、醫藥、農田、水利等興利除害的知識，一一編譯成書，讓大家討論，定其是非，如果都認為是「叛常拂經、邪術左道」，便立即斥逐，我徐某人甘願承受「扶同欺罔」的罪責。第二，讓傳教士們和有名僧道當面辯論，同時命令儒臣共同議定，如確認這些人「言無可采，理屈辭窮」，便立即斥逐，我也承當應得的罪名。第三，如果譯書一時難以完成，又找不到合適的僧道同他們辯論，可以叫他們簡略地濃縮成一本書，連同「已經翻譯書籍三十餘卷，原來本文經典一十餘部，一並進呈御覽」，如果發現他們荒誕悖理，不足勸善戒惡、易俗移風，也立即斥逐，我同其罪責。《章疏》的最後一段有幾句話講得懇切而又沉痛。他說：我屬於衙門後輩，這些洋人的去留，與我有甚麼相干，只是覺得他們提出的種種道理，多是有利於國家致治的好主意，所以我做臣子的，「有懷不吐，私悔無窮；是以不避罪戾，齋沐陳情」。

全文洋洋灑灑，卓有一瀉千里之勢，我摘述的這些遠遠傳達不出原文的聲貌。結果「御批」照例三個字「知道了」。

　　此外，他還曾參與軍務。早年在家鄉時，常聽說東南沿海一帶，每有倭寇海盜武力騷擾，徐光啟便讀起「兵書」來。晚年，遼東事起，他受命多次上疏獻練兵之策，舉凡怎樣選兵任將，怎樣操練他們，如何嚴格紀律，又怎樣改進武器、引進和仿造西方火炮諸事，一件一件，認認真真。然而書生幹武，談何容易，況且昏庸的皇帝充耳不聞，同僚們多所訾議，說一個文官（徐時任少詹事），講甚麼兵法。只有個把人支持，起不了任何作用。結果是各部大臣百般推諉，要錢沒錢，要人沒人，光啟只是個空頭光桿，在給朋友的信中頹然歎道：「受事以來，百不應手，叩閽不聞，將伯無助。」

　　徐光啟的思想在晚明社會是非常超前的，堅持他所該堅持的主張，有股子傻勁、韌勁，一個勁兒地上條陳，他留下的文稿中，奏疏佔了相當大的比例，送上的東西大多被潑了冷水，而且閹黨羽翼下的官僚們千方百計地製造麻煩，一般的士大夫也遠沒有他那樣的見識，率都明哲保身，膽小怕事，半因畏懼閹黨淫威，半因沿襲下來的仕版中因循守舊的風氣。所以，徐光啟不免牢騷滿腹，時時感到孤單而又苦悶。在上皇帝疏中每有像「臣生平愚見，每謂植黨為非，渙群為是，是以孑然孤蹤，東西無著」，「臣所懼者，諸臣以惶恐畏咎之心，堅其安習寡聞之陋。臣等書雖告成，而願學者少，有倡無繼，有傳無習，恐他日終成廢閣」等等的話。在給友人的信裏也常吐露苦衷，如「夙昔不能趨炎，亦無心逢世」，「生無媚人之骨」，「言而不用，吾志則盡矣，復何求焉，又何悔焉」！真有些憤世嫉俗了。

徐光啟是一個非常務實的人。他晚年對崇禎皇帝說：「方今造就人才，務求實用」，「若今之時文，真是無用」，「未經目擊，而以口舌爭，以書數傳，雖唇焦筆禿，無益也」。這類話在他留下的文字中不一見。

徐光啟與英國的培根（Francis Bacon）同是十六七世紀的人，培根恰好長他一歲。在注重實際和實驗這一點上是相似的，不同的是徐光啟所處的中國晚明仍牢牢地滯留在中古，培根成長的英國已起步走向近代，二人所接受的文化和精神遺產大不相同。假如徐光啟居然生在那時的英國，也許會成為培根式的實驗哲學家的。

我最尊崇他的為人，正派廉潔，至少在有明一代是少有的。臨死前，官做到禮部尚書兼文淵閣大學士，相當於「部長」級幹部，但他的日子很不好過。他做的事情，無論是與西洋傳教士的交往，還是他提倡的各種西洋新學，都與時不合，特別是閹宦一幫人看着他就有氣，時不時地給他使絆子；他處處碰壁，又絕不肯屈就，頗有「出淤泥而不染」的氣概。入朝幾十年，自奉甚儉，取予不苟，晚年老病還鄉，《明史》說他「蓋棺之日，囊無餘資」，《罪惟錄》說他「官邸蕭然，敝衣數襲外，止著述手草塵束而已」。

顧徐光啟一生，不免想到了百十年來經常提的一個問題，中國歷史上為甚麼沒有出科學，中國並不缺少聰明而又勤奮的人啊。原因可以提出好幾條，其中之一（可能是主要原因）應當是世代遷延的政治文化，即專制的體制和支持它的思想。徐光啟那樣熱心於吸收和傳播西方的科學，用了那麼大的力量翻

譯《幾何原本》等書，身體力行地搞科學實驗，可是他遇到的困難實在太多，除了他最親近的兩三個朋友外，響應者寥寥無幾。就拿修曆這件事來說，西洋的科學方法，明明比中國的舊法準確、先進，屢驗屢效。但是，且不說昏庸的朝廷根本不與聞問，閹黨及其黨羽更從政治上阻撓設難。守舊派的排教勢力把徐光啟也「排」在了裏面，向皇上打小報告，向徐施壓，以致他寸步難移，新法難行。徐光啟僅有的那點兒科學頭腦既形不成規模，也沒有人繼續他的事業。他越近晚年越覺失望，在《與李存我太僕》的信中慨歎：「嗟乎！人各有心，知言甚難」，「吾輩所志、所言、所事，要可俟諸天下後世而已，他勿論矣」。開拓者無法開拓，創新者無法創新，因為大腦和手腳都被捆綁住了。近代科學之出，並非只是技術層面上的事，而必以思想和制度之不斷衝出舊殼為前提，中國歷史自秦皇漢武以來何曾有過思想的突破制度的變革呢？難怪徐光啟之不能成功，且長歎「俟諸天下後世」了。破「李約瑟難題」若只在技術層面上找答案，不啻緣木求魚；深思之，明辨之，其最終關乎政制人文，明矣。

剛好我又到了上海，日前我們專程訪問了徐匯區文化局，文化局長劉敏女士等，很熱情地給我們介紹了修復徐墓的設計方案；方案的完整出我意料，除徐墓外，還要恢復在「文化大革命」被「橫掃」的牌坊、華表、石獸等等。我們看到了被打落的牌坊、石獸等殘骸散見在草木叢中，看了不勝感慨繫之。還有很珍貴的徐光啟手跡刻版和查繼佐撰寫的徐傳以及顧廷龍先生題跋的手跡鎸刻，這些都是 1983 年鎸刻的。只是放的地方不大顯眼，這些在即將動工時都將安排得更好些。陪同我們的

幾位朋友説按方案要修一條甬道，從光啟公園一進門即可見莊嚴的牌坊，沿着甬道直通徐墓。所有這些，都使我為這位中西文化的開路人感到十分欣慰。為徐光啟修墓時是因為徐的官階到了那個程度，死後又追加「少保」，加謚「文定」；於孤寂清貧的徐氏生前，只是一種苦澀的紀念。但是，今天重建，卻有一番歷史文化的新意。今天的人和後來的人可出此記起三百多年前在這裏靜臥着一位道德高尚的科學家、中西文化交流的開拓者。

2002 年 7 月 5 日

培根和徐光啟

　　我向來不太喜歡「我有關漢卿、王實甫，歐有莎士比亞、莫里哀」一類的「比較」，然而我卻也不免要犯我不喜歡的毛病：近時我忽然拿我們晚明的徐光啟和英國的弗朗西斯·培根比起來了。那比的由頭極其平常，就是培根（1561–1626）比徐光啟（1562–1633）大一歲。可算是「哥們兒」了。

　　再一比，發現兩人的有些想法屬於務實的一路。培根是近代實驗哲學的鼻祖，祖承希臘，卻不以柏拉圖（Plato）、亞里士多德的流於疏空為然；重視感覺經驗而輕視玄空的概念，純粹邏輯和由此進行的冒測，認為「由論辯而建立起來的原理，不會對新事功的發現有甚麼效用」。徐光啟當然從小就是讀聖賢書的，卻在仕途中更突出了「經世致用」之學，認為「宣尼之正脈」乃在於「務求實用」：「未經目擊，而以口舌爭，以書數傳，雖唇焦筆禿，無益也。」皈依了天主教，意在「補儒易佛」，尤其因為傳教士們帶來了有用的東西。

　　再比，就有點兒比不下去了。培根的人品似乎不大好，當法官時受了賄，還說雖然拿了人家的錢卻不妨礙「公平」審案；受人之恩，竟對之恩將仇報，落井下石。徐光啟則堪稱「模範公務員」，剛直不阿，「夙昔不能趨炎，亦無心逢世」，生無媚人之骨，常為同僚所不容，以至「受事以來，百不應手，叩閽不聞，將伯無助」。徐光啟很討厭「拉幫結派」，他是文人卻不屬

王陽明的心性之學，與前後七子都不搭界；他與東林黨中某些人有私誼，但非東林黨人一路；因為他是制度中人，但與閹黨涇渭殊途，所以晚年自稱：「每謂植黨為非，渙群為是，是以孑然孤縱，東西無著。」就為人而論，我是極其佩服他的。

我猜想，培根做官到大法官、掌璽大臣，還封了爵，大概是很闊氣的。徐光啟的官也不小，當到文閣大學士、禮部尚書，但卻兩袖清風，《明史》說他「蓋棺之日，囊無餘資」。《罪惟錄》說他「官邸蕭然，敝衣數襲外，止著述手草塵束而已」。

至於講身後的影響，就沒法子「比」了。培根為十七世紀以後的歐洲科學革命打開了一條以實驗哲學為基礎的道路。伏爾泰說：「他的仇人都在倫敦的宮廷裏；他的崇拜者卻佈滿全歐洲。」又說：「（《新工具》）是人們用以建立新哲學的架子……在掌璽大臣培根以前，沒有人知道實驗哲學。」與培根大異其趣的康德從培根的《偉大的復興》序言中摘出幾句話作為《純粹理性批判》的「卷頭語」。馬克思等則譽培根為「唯物主義的始祖」，「他把物理學從神學裏解放出來，於是物理學就變成一門有成果的科學了」。

徐光啟身後可沒有這等榮譽。他留下了自己的文集，除了與傳教士們合譯的如《幾何原本》、《泰西水法》之外，絕大部分是寫給從萬曆到崇禎的種種具體問題的疏稿。可稱為留給後世的有思想的東西幾乎沒有。在這方面去培根遠甚。培根可以舉出《偉大的復興》、《崇學論》、《新工具》等多種對後世有重大思想影響的著作以及《政論文集》等。

往下，培根和徐光啟之間，我無論如何也「比」不下去了。不過，兩人所處的時代，倒是可以對照一下的。這與我的一個

舊癖 —— 明朝是不是已有了所謂資本主義萌芽 —— 相關聯的問題是中國何時落後於歐洲。在比培根和徐光啟時便各自涉及各自所處的社會。

培根所處的時代正值地理大發現、文藝復興、宗教革命之後，這些大事件在英國標誌着自由主義的歷史性開端，英國因打敗了西班牙「無敵艦隊」已奪取了「海上霸權」，緊接着成立了作為自由貿易開篇的東印度公司，同時從十三世紀「大憲章」啟始，幾個世紀以來主權置於議院的制衡之下的趨勢已是不可逆轉，凡此種種，使英國出現了迴異於中世紀沉悶的空氣的新時代晨光。在這道晨光裏，思想家培根把目光投向明天，他提出：不管宇宙在人類理智的眼裏何等猶如一座迷宮，各種徵象何等似是而非，「道路還是必須打通，要依靠感官的那種閃爍不定、時明時暗的亮光，穿過經驗的叢林，通過多種特殊現象向前邁進」。培根用虛擬筆法在晚年寫出他的「理想國」—— 新大西島，設計了一座以實驗哲學為基礎的「所羅門館」，1662 年成立的「倫敦皇家學會」即從培根得到啟發，爾後，許多科學發明即從此源源流出。

徐光啟經歷的嘉靖、萬曆、天啟和崇禎怎麼樣呢？君主專制體制沒有一絲變化，加上閹黨披猖，錦衣衛東廠西廠橫行，整個社會仍是一個古代社會。徐光啟縱然有些利國利民的想法，本人又奉公守法，惟公惟謹，到頭來仍是毫無辦法，年過七十，告老還鄉，上疏乞骸，裏面寫了幾句很傷感的話：「臣所懼者，諸君以惶恐畏咎之心，堅其安習寡聞之陋；臣等書雖告成（指《幾何原本》、《泰西水法》、《農業全書》之類），而願學者少，有倡無繼，有傳無習，恐他日終成廢閣。」

　　這比起培根，從思想境界到心情，一關注社會的明天，一戚戚於君父天恩；一跨入後世，一囿於古代，雖是同時代人，卻有古今之別。常說此時中國商業、手工業已漸有近世之「萌芽」，言之鑿鑿，似成定論，但純經濟史的觀點實難以說明時代。培根和徐光啟都屬於我喜歡的古人，不過他們的歷史命運太不一樣了。假如徐光啟生在倫敦，他可能成為培根；假如培根生在中國，難免變成徐光啟。不同社會的影響之別有如此者！

1998 年 12 月 18 日

王國維的「西學時期」

　　王國維治學一生，成績最卓著的，當然是金石甲骨史學；最為人所知的是《人間詞話》；但思想最活躍、最有生氣的時期，我認為，是他青年的「西學時期」。他在短短不足十年的時間裏──從 22 歲到 30 歲（1889-1907）──四次讀康德的書，契心於叔本華的美學，涉獵了西方哲學、文學、社會學、心理學、邏輯學等諸多學科。僅從《靜庵文集》和《續集》中收進的文章，即可見他是怎樣如饑似渴地讀這些書的。馮友蘭在《中國哲學史新編》中說：「西方近代哲學主要分為英國經驗派和大陸理性派，嚴復是經驗派的介紹者，王國維是理性派的宣傳人。」此言不虛。

　　王國維對康德和叔本華的哲學真是下了苦功的。他第一次讀康德的《純粹理性批判》（*Critique of Pure Reason*），啃不動，幾讀幾輟，後來發現叔本華的知識論可以通向康德，於是便讀了整整兩年叔本華，之後再返回康德，才覺得比較順了。他讀《純粹理性批判》後，寫了一篇撮述要義的長文《汗德之知識論》（編按：汗德即康德），分為十點加以釋義。這大概可以算作是「讀書筆記」吧。以我的水平看，他梳理得切中肯綮，好像是這本書的一份「提綱」。我想，初學康德的人讀一讀王國維這篇文章也一定會有幫助；因為這是經過苦讀而加以消化了的、「中國化」的對康德的解讀。

　　我感覺，誠然王國維自述是從叔本華上窺康德的，但時時可以發現他對中國哲學特別是宋明理學的理解，也幫了他的大忙。《釋理》那篇文章就反映了他對中西哲學的通解能力。例如，他分析了各種西文「理性」（reason）的語源，也分析了中國哲學中「理」字的語源，認為各自的源流變化，雖然各走各的路，卻從形而上學和倫理學的意義上，有可以察異會通之處。聯想到近時竟然曾有一種說法，說西方的「理性」是從中國的「理」傳過去的，那真是一種沒有歷史根據的創見！學術問題來不得半點隨意性，青年王國維在鑽研西學時便是一板一眼的，嚴肅認真的。

　　王國維十分敬佩康德，有名的《汗德像贊》可證。在這篇四言詩裏，康德頗有點像峨冠大袍的中國化的聖人了，想來王國維心目中的康德就是個「聖人」，請看：「赤日中天，燭彼窮陰；丹鳳在霄，百鳥皆暗。」康德是天上的太陽，百鳥中的鳳凰！不過王國維並不迷信，到第四次讀康德時，仍覺有讀不通處，發生了「窒礙」；思之再三，恍然大悟，原來之所以有「窒礙」之處，是因為康德自己就沒有弄通，「大抵其說之不可持處而已」，怪不得讀者。

　　真正使王國維在思想上受到影響的，還要算叔本華，《紅樓夢評論》和《叔本華與尼采》可以表現出王國維對叔氏的「解脫之美」、「悲劇之美」的理解和濃厚的興趣。

　　王國維之於西學，以哲學為重；但對其他如歐洲文學也多有涉獵，而且備極讚譽。例如他寫過一篇歌德和席勒（Egon Schiele）的「合傳」，篇末以飽滿的激情讚頌他們可與「星月爭光」，歎道：「胡為乎，文豪不誕生於我東邦！」

　　然而，西學給王國維更加重要影響的，倒還不在於這些學識本身，而在於使他在中西兩種學問的比較中，深深地看透了中國學術固有的弊病，那就是中國學術沒有獨立的品格。與西方比較，王國維發現在中國的文化史上，凡哲學、詩歌、小說、戲曲、圖畫諸家，都離不開政治和道德：從孔子以來的哲學家都是政治家；漢朝的賈誼、董仲舒，宋朝的張、程、朱、陸，明代的王陽明，都是政治家。詩人也一樣，杜甫的政治抱負是「致君堯舜上，再使風俗淳」，陸游的志向是「寂寞已甘千古笑，馳驅猶望兩河平」……「所謂『詩外尚有事在』，『一命為文人，便無足觀』，我國人之金科玉律也」。歷代文人，「多托於忠君、愛國、勸善、懲惡之意」，王國維認為這是中國沒有純粹的哲學和沒有真正的美學的根本原因。

　　關於學術獨立和學術自由問題，王國維有些見識非常之尖銳。例如他說，學術（他特別指哲學）沒有中西、新舊、有用無用之分，只有是非真偽優劣之別；在是非真偽優劣之別之外，若雜以國家、人種、宗教的考慮，便是以學術為一種手段，而不是把學術看作一種目的。「未有不視學術為一目的而（學術）能發達者；學術之發達，存在於其目的而已。」他說，康德的倫理學認為，人是目的，而不是手段。這是人對人而言，人對學術同樣應該這樣看。

　　在西學中，由於一開始便讀康德和叔本華的書，所以他先入為主，其哲學興趣即在德國的理性主義一派發展起來。1906年，他隨羅振玉來到北京，經榮慶推薦當了學部總務司行走，任圖書館編輯。陳寅恪《王觀堂先生輓詞》中「海寧大隱潛郎署」即指此事。當時，倡導中體西用的張之洞主持興辦新學，經科文科大學章程中獨缺哲學，王國維認為這是「根本之誤」。

於是在《奏定經學科大學文學科大學章程書後》中，慷慨激昂地力陳其失，亟言把中西哲學列入科目中的必要性。

他說：歐洲各國的大學，當時都以神、哲、醫、法四學為基本分科，日本大學文科中把哲學列為首位；任何國家，無論古今東西，凡文化達到一定程度的，一定有相應的哲學以為支撐；因而哲學家必是在國民中最受尊重的人。以英國的歷史為例，最為國民引為光榮的人不是惠靈頓、納爾遜，而是培根、洛克（John Locke）；為德意志民族贏得榮譽的，不是俾斯麥（Otto von Bismarck）、毛奇（Helmuth von Moltke），而是康德、叔本華……即使只從發揚光大我國的學術着眼，也必須倚靠兼通世界學術的人，「而不在一孔之陋儒」。他在另一篇文章（〈哲學辨惑〉）中說，中國古書大半繁散無紀、殘缺不完，雖有真理，不易尋繹；而西洋哲學則系統燦然而嚴整，在形式上已可見孰優孰劣。所以，「欲通中國哲學，又非通西洋之哲學不易明也」，應該借西洋哲學以「活」中國哲學。他預言：「異日昌大吾國固有之哲學者，必在深通西洋哲學之人，無疑也。」

真是讀其文可想見其為人。在我們面前不是分明立着一個意氣風發、敏學深思、觀點明快、渴於接受新思想的青年麼！零星摘引和介紹的這些觀點在當時可以說是超前的，具有相當的啟蒙意義和激進色彩。有些話即使拿到今天仍然可以成立；因為在學術獨立和學術自由這類問題上，還不能說已經完全解決了。

據此，可以說王國維的青年時期，是一段極具風采的「西學時期」。但是，到 30 歲左右的時候，他的「西學時期」戛然而止了；漸轉向以文學為主，其後則完全投入甲骨考古之學

了；剛剛起步已見成績的西學幾乎完全被他自己遺忘或丟棄了。西學在王國維「夭折」了。

我在讀王國維在這些年代所寫的文字時，總覺得想像中的當年王氏的精神面貌，與二十年後自沉昆明湖時的王國維不屬同一生活邏輯。所以，腦子裏時時要冒出一種不合事理的想法，不是探問王國維的死因，因為「文化神州喪一身」一語已經道破；我的問題是，如果這「文化」和「神州」的內涵在王氏的認識中發生了變化，他是不是可以不自沉？

問題換一個更明確的提法，如果王國維在 30 歲時沒有棄絕西學，不在剛剛開竅時便剎了車，而是繼續下去；那就不排除會出現另一種可能性，即他可能進入西學更加寬廣的天地，即使僅僅在康德研究的範圍裏，也將超過已達到的「釋義」水平，進而深入到康德對人生的理性精神和勇於運用理智觀察世界的批判性要諦，因為康德本質上是理想主義者、樂觀主義者。再進一步假設，如果他不棄絕西學，也許他將會對西方的近世思想有更全面而本質的了解，那時民主、自由的思想將漸漸刻進他的腦中，並終於取代「三綱六紀」的位置。到那時，在他意念中的「文化」和「神州」便將具有新的含義，他的生活意義和路向、他的心境和精神都會起變化，個人悲劇或許不致發生。

當然，這些都是些近乎毫無根據的胡思亂想，其脫離實際是顯然的，因為這樣的假設等於另造一個根本不同的王國維。

然而，無論如何，我總是對王國維之斷輟西學，感到無限惋惜。他本來是可以成為新思想的啟蒙者的。

1998 年 10 月於京中芳古園陋室
收入《萬象》第 1 卷第 2 期，1999 年 1 月

王國維與康德

　　如果有人問我，歐洲人寫的書，凡看過的，無論古人的今
人的，最喜歡看哪個人的書。我會一口説：「康德。」我在跟朋
友們聊天的時候，常不免要説康德是怎樣怎樣説的，以致老伴
兒譏我「言必稱康德」。康德的書實在難，我的德語水平連買
菜都勉強，只能靠英譯本，有的書有中譯本，但是我覺得還不
如看英文的譯本更容易些。不是因為中譯文不好，而是因為英
德文字邏輯總比中德文字邏輯接近得多。不過説老實話，好多
我一直看不懂；只是越看不懂越想看，在似懂非懂之間每得書
趣；康德的魅力好像正在這裏。

　　我讀康德，用的是張宗子讀「四書」白文的辦法，不看旁
人的解釋，就那樣看下去；看不下去了，便放在一邊，過些時
候再看，忽然便得其一二。張宗子所謂「四書遇」，在路上不期
而遇了。

　　但是如果要走進深宅大院，總得先找到「入口處」，否則，
轉來轉去還是不得其門而入。於此，想到王國維自述年輕時讀
康德的甘苦：

　　　　次年（1903），始讀汗德之《純粹批評》，至《先天分
　　析論》，幾全不可解，更輟不讀，而讀叔本華之《意志及表
　　像之世界》一書。叔氏之書，思精而筆鋭。是歲，前後讀二
　　過，次及於其《充足理由之原則論》、《自然中之意志論》及

其文集等，尤以其《意志及表像之世界》中《汗德哲學之批評》一篇為通汗德哲學關鍵。至二十九歲，更返而讀汗德之書，則非復前日之窒礙矣。嗣是於汗德之《純粹理性》外，兼及其倫理學。至今年（1907），從事第四次之研究，則窒礙更少，而覺其窒礙之處，大概其說之不可恃者也。此則當日誌學之初所不及料，而在今日亦得以自慰者也。

這段話講得真好，見於王氏的《三十自序》。特別使我醒豁的是，王氏在讀了幾次之後對洋聖人的書打破了一些迷惘，因為「覺其窒礙之處，大抵其說之不可恃者也」。康德在迷宮裏轉的時候，難免走了許多冤枉路，讀者跟着他老先生轉，豈不是自討苦吃麼。困而後知；康德在「困」的時候，便是那「窒礙之處」了。

王國維讀康德的「入口處」在叔本華，結果卻走進叔本華的宅院裏去了，王國維始終沒有真正悟解康德。我也找了個讀康德的「旁門」，那就是宋明理學。陸九淵、朱熹的「鵝湖」之辯，給我提供了這個「旁門」：一個偏重「尊德性」，一個側重「道問學」，在辯論中有不少形而上的東西，最後兩個人和解了，都說這個側重統起來本是一回事。倒是他們的徒子徒孫們還爭個沒完沒了，以致「各成門戶，幾如冰炭」。

我在一篇短文（〈中西文化，察異會通〉，刊《文匯讀書周報》1996年7月6日）裏提到，牟宗三先生說「中西融通之橋樑乃在康德」；他還說過，可以用康德的哲學構架把中國哲學撐起來。現在我倒過來說，宋明理學是不是可以當作讀康德的「出入口」。當然，一旦進入到裏面，自然各有一番天地，是不能膠柱鼓瑟地妄作比附的。

翻揀舊書，發現王國維《汗德像贊》四言詩一首，那詩裏面的康德，儼然是一個中國聖人。轉抄如次：

> 人之最靈，厥維天官。外以接物，內用反觀。小知間間，敝帚是享。群言淆亂，孰正其枉。大疑潭潭，是冀是除。中道而反，喪其故居。篤生哲人，凱尼之堡。息彼眾喙，示我大道。觀外於空，觀內於時。諸果粲然，厥因之隨。凡此數者，知物之式，存於能知，不存於物。匪言之艱，證之維艱。雲霾解駁，秋山巉巉，赤日中天，燭彼窮陰。丹鳳在霄，百鳥皆喑。穀可如陵，山可為藪。萬歲千歲，公名不朽。

「凱尼之堡」，康德故鄉格尼斯貝格也。看，這個康德像不像個峨冠博帶的中國聖賢！

1996 年 10 月於京中芳古園陋室

從胡適譯詩想起

幾個月前，上海的劉緒源來信要我給他寫一幅字，說要寫一首用古體詩翻譯的外國詩。當時我正住在醫院裏，且手腕動了手術無法執筆。但腦子裏卻浮想到了從前馬君武、蘇曼殊等都用舊體譯過洋詩。出院後找到了胡適青年時告別文言以前譯的拜倫（George Gordon Byron）《哀希臘歌》（*The Isles of Greece*）十六首，覺得有趣便為劉抄在了宣紙上。胡譯用的是騷體，除了「兮」呵「兮」的之外，以「羲和」譯「日神」、以「素娥」譯「月神」等，就更使這首洋詩像楚辭了。胡適在序中說，梁啟超曾譯過其中的兩首，馬君武和蘇曼殊都譯了全詩，不過馬譯失之於訛，訛則失真；蘇譯失之於晦，晦則不達。於是胡適以四月之功復譯，後又數度推敲，譯成了這個騷體《哀希臘歌》，輯入於《去國集》，附在《嘗試集》之後。所謂「去國」者，胡適自序中說是從「昔者譚嗣同自名其詩文集曰『三十以前舊學第幾種』」得到啟發，使「刪定其六年以來所為文言之詩詞，寫而存之，遂成此集。名之曰去國，斷自庚戌也」。譯詩的後面附了原文，並作了註釋，因為詩中屢用史事，「非註，不易領會也」。

譯詩成於 1916 年，當時胡適剛剛 25 歲，正在美國讀書，同時為白話文運動做積極的準備。

我在抄寫這十六首《哀希臘歌》時，不時地跳躍出一些感想。我是一個年已古稀的老人在抄寫一個二十幾歲的小青年的作品呵！那個時候的「小青年」後來成為名家，大都已是學富五車了。首先是「舊學」的底子已經很堅實了；所謂「堅實」，就是比較通透了。惟其通透，所以便深知「舊學」的性質及其弊病，這是與三家村學究所不同的。所以我對這一輩前賢總懷着敬意。

正是在這種底子上，有了這種學養，再進入「西學」，便能把他們所涉及的中西學問吃得很飽、消化得很透。也就是得其精髓，並且在其精髓處，不含眼前事功之心地作出比較，特別是看穿我們自家「舊學」的弱點。這樣的人從嚴復開始可以開出一個不短的名單。他們當中不少人後來是以介紹西學而成家的，如張東蓀等，也有不少轉為治「舊學」了，像王國維、陳寅恪等。不管他們後來做甚麼，在中西文化的比較上，心裏是清楚明白的。

王國維早年研究西方哲學，於康德、叔本華等用力最多，而且於與他幾乎同時代的尼采（Friedrich Nietzsche）也多留意。王國維認為治西學應着力於西洋哲學：

> 夫同治及光緒初年之留學歐美者，皆以海軍製造為主，其次法律而已，以純粹科學專其家者，獨無所聞。其稍有哲學的典味如嚴復者，亦只以餘力及之，其能按歐人深邃偉大之思想者，吾決其必無也……況近數年之留學界，或抱政治之野心，或懷實利之目的，其肯研究冷淡乾燥無益於世之思想問題哉！

更何況「國家以政治上之騷動，而疑西洋之思想皆釀亂之麴糵……」王國維更多地是從學術獨立和自由着眼的，因此他認為學無分中西、新舊、有用無用，須得兼容中西，尤其是在哲學思想方面，中國哲學非濟以西學不可。「異日發明光大我國之學術者，必在兼通世界學術之人，而不在一孔之陋儒，固可決也。」而且，「居今日之世，講今日之學，未有西學不興，而中學能興者；亦未有中學不興，而西學能興者。」

王國維講的是治學之道，能有此認識，在於他在青年時期已不僅深知中西學問之道，而且深知中國舊學之所缺。

陳寅恪也如是。陳氏之作為國學大師，已在定論，但他非常明確「中國之哲學美術，遠不如希臘。不特科學為遜泰西也」。

在清末民初，乃至二十世紀二三十年代持論如此的，不特王、陳，還有許多知名學人率多同感，畢生致力於西學的借鑒和紹介，且不限於學術之倡導，更是為民族和社會的進步。

更有些奇怪之論，把民族主義情結同掇拾得來的「後現代主義」說辭混雜一處，對中國舊學不見得知道多少，卻動輒說今天世界上的一些事物（我們亦正積極移入的）是我國古已有之的，如把《易經》與現代性相通之類。

跳動的感想流到了今天，形成了一種慨歎：深通中西兩學的人似乎正在少起來；「中學」對一些中青年說來早已不屑或不願一顧了。一頭鑽進「西學」領域的，浮躁之氣竟自不少，惟新是務，惟「前沿」是務，偏偏跳過了人家導致新潮或前沿（如某些「後現代」之類）的根基：經典的自由主義和理性主義那

幾個世紀。如此之「西學」實際上只是那「西學」表面上薄薄的一層。

　　無序地想來想去，不知不覺把《哀希臘歌》十六首抄寫完了。我想，胡適把拜倫長詩譯成騷體，可能是遊戲遣興之作，因為那時他正從海外和陳獨秀書信往還談「文學革命」；有名的一不用典，二不用陳詞語等「八不」就是在這一年提出的。

1998 年 7 月 13 日

陳樂民

張東蓀

近印張東蓀文化論著一冊，以張氏早年專著《知識與文化》為書名，張耀南編並「前言」。書屬「二十世紀中國文化論著輯要叢書」，主編是湯一介，由中國廣播電視出版社出版，1995 年 10 月第 1 版。此類叢書現在出了許多，其中虎頭蛇尾者不少。

張東蓀的大名，我在中學就知道，當時在「國統區」裏以其民主自由而著稱，一般有良知的知識分子、有些開明思想的青年學生對他是十分景仰的。張東蓀的名字，和沈鈞儒、費孝通等的名字，都代表着與國民黨政府專制獨裁相對立的民族復興的心聲。當時像我這樣的高中學生是沒有接觸共產黨的機會的，有些民主自由的新思想，率多是通過讀這些知名學者的文章得來的。

後來上了燕京大學，那時張東蓀正在那裏執教，記得是開「哲學概論」。他的課堂總是坐得滿滿的，真正註冊必修或選修的並不多，大多數是慕名來旁聽的。燕京大學也很以有他這樣的專職教授為榮。我們幾個大學生常傳看一些啟迪新思想的書，其中就有張東蓀的《理性與民主》和《新哲學論叢》。

張東蓀後來身世之坎坷，誰聽了都會心驚肉跳的：據張耀南「前言」，他從 1958 年被迫辭去教授職務，被調到北京市文

化館當勤務工，同時被趕出朗潤園寓所；1968 年 1 月被捕入獄，這時張東蓀已經 82 歲了。張氏沉默了二十多年，直到死去。張東蓀有三子一女都是做學問的；長子和他同時入獄，出獄後精神失常；次子和三子都在「文化大革命」期間自殺。一家人遭此厄運，其慘可知。幸僅存一女，現在中國科學院高能物理研究所工作。

張氏學富五車，著作等身，於中西哲學之貫通頗多創見，他的知識多元論實已自成體系。他於西方哲學的紹介，相當完整，實具啟蒙開拓之功，嘗言：我們來到這個世界，就為在宇宙的無邊黑暗裏，點燃了一盞油燈；我們活着，就是用這燈火去照亮塵世的黑暗。我們照亮的範圍越大，我們生命的意義和價值就越大；我們照亮的範圍越小，我們生命的意義和價值就越小。

張氏是大知識分子，深知中國的「士」階層所承受的歷史的重壓和時代的重壓，而且在這樣的重壓下還要殉道者般的去充當道德和理性的代表，這是從屈原以降的「士」階層的悲劇性格：「在中國歷史上士可以說是一個最苦痛的階層，本身沒有經濟基礎而又負擔了一個特別任務。前面則良心常常加以督責，而後面則社會惡勢力又為之逼迫。」他在 1946 年寫下的這幾句話，真是有良知的耿介之士的一幅歷史寫照，是一個「雖九死其未悔」的深沉而悲壯的形象。

然而更大的悲劇還在於，張東蓀早年爭取的說自己的話的權利，竟被扼殺，以至近幾十年來，一個大哲學家的名字幾乎被世人所遺忘。沉冤如此，天理何存！

適翻閱李銳著《「大躍進」親歷記》，中記毛澤東在南寧會議大罵教授的壓迫性的話，因想，張東蓀被趕出朗潤園的時代背景，正是知識分子再次身處肅殺之氣的時候。

由張東蓀想到了顧準，誰說中國沒有思想家？只是由於思想家被封住了口，所以也就沒有了思想家。

於是，我又想到久久回繞於懷的一種覺悟——中國仍然需要啟蒙，中國遠沒有擺脫童蒙狀態。

1996 年 12 月 18 日

張東蓀與中西文化

張東蓀這個名字，時下的中國青年們大概知道得不多了。當初在燕京大學讀書時，有幾位很有名氣的教授，是很為當時的青年學子所敬仰的。我現在印象還很深的是嚴景耀、雷潔瓊、侯仁之等，而聲名最顯的，當屬張東蓀。當時他開了一堂「哲學概論」的課，除規定哲學系必讀外，旁聽系可以選修，也可以不拿學分、不參加考試去旁聽。他的課堂總是滿滿當當的，窗台上也坐了人是常有的。張東蓀和那時的許多老教授一樣，有一個共同特點，就是中西兼通。在文風、學風上，也有一個共同的特點，就是深入淺出。他常說他不懂中國哲學，他主要的工作是介紹西方的文化哲學。這是他的自謙，這樣反而證明他是兼通中西的。

中西文化有甚麼不同？說法是各種各樣的，但是說到極底處，都大體差不多。最近看到一篇文章，上面說，李約瑟在甚麼地方講過西洋文明是「陽」性的，中國文明是「陰」性的。陽性文化，剛烈而有開創性，但是有破壞性；陰性文化，陰柔而有韌性，但是有保守性。以陰濟陽，那文化就圓滿了。我不曾找到李約瑟的原話。這類意思卻是曾經相當之流行的。就是現在每有以東方文化救治西方文化之失的論調，大體也差不多。

胡適在二十世紀二十年代說過，西洋文化是「不知足」的文化，東方文化是「知足」的文化。想想也有道理。西洋文

化有個習慣，就是總要把問題弄個水落石出，總是不斷地找問題，所謂三個「ｗ」（what, why, how）經常掛在嘴邊上，這就是「不知足」的表現了。他們所謂的「理性」是求理智世界的極致，我們的宋儒說有一物必有一理，似乎一切都解決了，不再深究了。「天下事，了猶未了，何不以不了了之。」西方人就很少有這樣「超脫」的。

那個時候接受西方文化的人，大多有一個「本位」，就是為了自己的民族的生存和發展而向西方學習，都痛感原來的老一套，實行了幾千年，是救不了中國的。這在當時的胡適、魯迅都是相同的。他們接觸西方文化的用意怕並不是想把中國變成西方，所謂「西化」的。無非是覺得西方既是走在了前面，自然有於我們大有利的東西，所以那想法本是十分簡單而明瞭的。張東蓀也不外此，開始時覺得應當徹底採用西洋文明，後來實地考察了中國的社會情況，便認識到「徹底採用」不是絕無問題，所以應該「以鹽水來沖淡水」，而「鹽水的成分越多則淡水中必越鹹了」。於是說：「所以我們對於西洋文明到中國的前途非但不必杞憂，且亦正可預料其必然大興。這是自然的趨勢，即大勢所趨，不是任何一人鼓吹主張的力量。」那根本用意在於「由中西文化的比較而得出民族復興的路向」，這是幾代人所共同的，除了那些毫不動搖的國粹主義者。

二十世紀四十年代以後的張東蓀在認識上就不像以前那樣單純了。閱歷一多，便覺得原來以「鹽水沖淡水」沒有那麼簡單，思路便放在為了民族復興怎樣採用西方文明、採用甚麼的上面。為甚麼沒有那樣簡單？張東蓀發現在於中國和西方的「心性」不同，「心性」之不同又源於歷史社會環境的不同。西

方社會自中世紀至近世、至現代，因工商業之發達和產業革命而建起民族國家；而這一切則為中國所無：秦統一，以天下為國家，雖分裂期多於統一期，但兩千年循環無變，更無產業革命，所以中國既無近世、更無現代。張氏此論略同於馮友蘭中國有古無今之論，所以「中西之交，古今之異」。

據此，張氏以為，學習西方文化，首應從十九世紀中選取，蓋此時期之西方文化正是當時中國所缺少的；而不要急忙先把當代二十世紀的新鮮東西拿來。他說：

> 倘使對於西方文化之傳入而應付得宜，則按理，中國應接受近世思想。換言之，即中國今日只宜吸收西方的十九世紀思想。所以今天中國這樣亂七八糟的情形不是純由於舊有文化之固封性，以與外來文化發生衝突，乃實由於外來文化本身即含有矛盾與雜亂。這個挾着紛亂而俱來的傳入文化遂更使中國增加其紛亂。

張氏此論，我有同感，如今我們這裏對待西方文化即有偏於求新的傾向，凡引進者必求其為當代新潮（不是講技術，而是講更廣泛意義的人文學科），不管是甚麼貨色，只要是新便好。若夫十九世紀以前的思想，雖有巨大基礎價值而適為我們所應知的，也取漠然態度。於是新之又新，「後」之復「後」，不加選擇以趨時尚。我不是拒絕新潮，而是對於一味只在新字上着眼，不大以為然。

張東蓀在二十世紀二十年代把注意力全放在介紹西方文化上。而後逐漸感到中國原樣採用，絕無可能。歷史社會環境不對路已為上述，而更重要者，張氏以為，要吸收外來文化，

必以自己的傳統文化為基礎，自己的文化根基不牢，則亦不可能把外來文化吸收進來。所以他主張「必經恢復主體的健全」，才有「自主性」，才對外來文化有「反應力」，才能吸收之而不為征服。然而「主體」者何？於是張東蓀把眼光落在儒學上。張氏認為，西方文化是「主智的文化」，主智的文化不能不「尚異」，故常異議紛出；中國傳統文化根本上是一種「主德行的文化」，張氏所謂「以道德為中心的文化」或「主修（修身）的文化」。張氏的要借西學以振興民族的思想，從始至終是一貫的，然而說要以「主修的文化」以「償」「主智文化」之不足，卻語焉不詳，也略有些以「陰」濟「陽」的味道。張氏提出要分三點來分析中西文化之交的問題，可為張氏的結論：「第一必須解中國文化與中國社會之情形。第二必須立一個比較文化學之總論，而把中國文化納入於這個統一的（或普泛的）文化歷史中以看其與哪個階段相應。第三是分析西方文化以求發現其中某一些點是中國所必需的。三點必須合在一起來講。」

　　這個第二點，我有一個看法特別與之暗合。就是我認為，異質文化放在一起，比較是必然的，比較是因有殊異而來而又比出其所以然，這裏沒有是非曲直之可言；然而比較之餘又必須超越比較，把異質文化放在人類文化學的總論去看待，即放在「文化歷史」中去看待，這樣天地便變得寬廣，於文化乃能有一種廓然而大的眼光。

　　我最後一次聽張東蓀講哲學概論是在 1949 年三四月份的燕京大學，那時北京剛剛解放，美國教師們已在整理行囊準備撤離了。燕京大學裏氣氛新鮮而活躍，在迎接新的生活。張東蓀在當時是被看為進步開明教授的。後來，事情有了許多令人難

以預料和想像的變化，張東蓀以年近古稀之身遭了劫難，家破人亡，他年逾望九撒手人寰的時候，非常淒涼，一代哲人，幾乎沒有人理會他。

1997 年 6 月 28 日

陳序經與中西文化

　　近兩年來報刊上時有關於自由主義的文章，其中多提及自由主義傳入中國以來接受和介紹近代西學的前輩們，一直上溯到介紹西學第一人的嚴復。有一個人似乎很少提到，他是陳序經，是直言不諱的「全盤西化」論者。二十世紀三十年代寫了許多相當透徹地闡發西方文明的文字，同時反復講他的東西文化觀，指出改造中國舊文化必從全面學習西方始。1949 年以後雖然沒有再寫過這類內容的文章，但打成「右派」、「文化大革命」時遭難，仍是必然的（已平反）。陳序經是一個很有見地的學者、教育家；他不只是表明他是主張「全盤西化」的，重要的是他是充分說理的，根據他對東西文化的通解和他在南洋的生活經歷而提出他的「一家之言」。也就是說，他是在把中西文化作了認真的比較之後，特別是針對中國傳統文化中那些與現代文明不合的、落後的東西而發議論的。

　　陳序經提出他的「全盤西化」論，在當時就迎來了各種批評。那批評和反批評雙方是很平等而講道理的。由於沒有其他因素的介入，所以不存在誰壓了誰的問題，誰都有發言權。在辯論中，陳序經既同「復古派」辯，也同「中體西用」的「折衷派」辯；辯來辯去便成了徹底的「西化派」。這樣的辯論，難免用語有些火氣而時出「極端」之語。然而若是平心靜氣地讀他文章的內容和他講的道理，便可發現他對中國傳統文化的反

現代特點，體會是很深而透的，思維是理智的；與那種對國情毫無了解、對自己的文化一竅不通卻一味地崇洋或莫名其妙地「信古」的人，是全然兩路的。讀其文，可想見他是怎樣眼看中國落後於西方之甚而心急如焚的；所以把任何修飾都撕去，讀了時時令人怦然心動。

從嚴復起到二十世紀四十年代接近西學的知識界，大體上都有兩大特點，形成那些年代的社會科學知識分子的一種可貴的傳統。第一是對中西文化都很了解，不是只知其一，不知其二；第二是急於改變落後現狀，要進化、要進步、要迅速走進現代化，對祖國前途、民族命運有一種真誠的使命感。

對於知識分子來說，第二點是共同的，哪個正直的知識分子不着急呢？第一點則還涉及學養問題，那情況就很不一樣了。我常感到，做中國知識分子要比做西方知識分子需要學的東西多得多。這有點不公平：一個歐洲的知識分子可以完全或基本上不了解中國；中國人卻不行，既需了解自己，又需了解世界。了解自己甚至是前提；未有不了解自己而能準確地了解別人的。這是咱們中國人的命運。根本的原因是當西方起步進入近代時，我們還停在古代。馮友蘭所謂「中西之交，古今之異」是也。從那時起，我們一路都是追趕着走在前面的人的。

不過，我們卻別有一種根深蒂固的「阿Q精神」：以古為榮。記得 1952 年蘇聯來了一個作家代表團，團長吉洪諾夫（Vyacheslav Vasilyevich Tikhonov）說了一句話：當你們中國已進入高度文明社會時，我們歐洲人還在「茹毛飲血」。聽了這話，我當時很覺「自豪」（！）。其實，這話只是取悅於人的「友好」話，根本不是歷史的事實。吉洪諾夫也沒有資格代表「歐

洲人」，因為，第一，把希臘文化放在哪裏？第二，是誰先進入近現代呢？説到底，陳序經最根本的根據就在這裏，平實得很。

　　幾年前，買了一本《走出東方 —— 陳序經文化論著輯要》，一直放着未看，最近快速翻閲其中若干篇，因抒所感。

我讀馮著
—— 為馮友蘭先生一百一十周年冥壽作

　　我喜歡讀一些哲學方面的書，中國的西方的都喜歡。做研究工作當中，時時於無形中得到一些思想上的收穫。

　　我讀這類書，是興趣第一，心態輕鬆，不為弄不懂的地方而枉費腦筋。遇到甚麼實在不懂的問題，或者暫時放下，看看別的書，再回過頭來讀時也許就明白了；或者索性跳過去，不當書的奴隸。

　　在我讀過和正在讀着的書裏，興趣最大的，也是獲益最多的，在西哲為康德，在中國哲學則是馮友蘭。

　　馮先生說：「余平生所著，三史六書耳。三史以釋今古，六書以紀貞元。」（1990 年台北版《中國哲學史》自序）此外還有眾多的長短篇文章（大多數為 1949 年前所作）。馮著浩瀚博才，除哲學和哲學史外，所涉甚廣。我覺得凡治社會科學和人文學科者，都不妨讀讀馮先生的書，一定如入寶山，不會空手而回的。

　　今年是馮先生一百一十周年冥壽。這篇文章，只結合我的「專業」（歐洲文明史，特別涉及中西文化比較和衝突）講講我學習馮著的一些體會。

「中西之交，古今之異」

馮友蘭先生對我的工作影響最大、大大打開我的思路的，是他談及中西文化之交的問題時，濃縮提煉為「中西之交，古今之異」這八個字。他說：「在世界史的近代階段，西方比東方先走了一步，先東方而近代化了。在中國近代史中，所謂中西之分（交），實際上是古今之異。以中學為主，對西學進行格義，實際上是以古釋今；以西學為主，對中學進行格義，實際上是以今古。」[1]不是中國和西方所處的時代不同，而是中國和西方的社會形態不同；在中西文明相遇於十九世紀中葉的時候，中國的文明和社會仍是屬於「古」的，西方的文明和社會是屬於「今」的。

這是馮先生一貫的觀點，他在上世紀三十年代寫的二卷本《中國哲學史》中就說：「迄今中國與西洋接觸，政治、社會、經濟各方面，又有根本的變化，於是此二千年來為中國人思想之君主之經學，乃始被革命而退位；而中國人之思想，乃將有較新之局面焉。」[2]

這就是說，中國近代史是以「經學」之「退位」開始的，原因是「與西洋接觸」了。

我在研究歐洲的文明史的時候時常想，我為甚麼要研究歐洲史呢？就算我把歐洲史研究得滾瓜爛熟，又怎麼樣呢？而我又是一個在中國文化中浸泡長大並變老的。長期以來，中國的

1　《中國哲學史》上冊，台北版商務印書館，1993 年，第 489 頁。
2　《中國哲學史新編》第六冊，人民出版社，1989 年版，第 155 頁。

民族命運時時以各種方式「介入」我對歐洲的研究，兩種文明自然而然地在我心裏交了鋒。「改革開放」以後，思想開朗了，擺脫了不少束縛，經過「文革」劫難以後不免想到中國的歷史為甚麼這樣受折磨，與西方國家相比，步步趕不上。中國到底缺少了甚麼，我研究歐洲的文明發展史，不正是要為這個很普通的問題找到至少使我自己滿意的解釋嗎？與之相關的便有許多問題提出。對此，學術界的見解不乏異同，諸如中國從何時起落後於西方（言外之意是在這個「何時」以前中國是「先進」於西方的）、中國自古有無科學和民主思想，今天的中國是否需要歐洲十八世紀那樣的啟蒙，中國歷史上有沒有「資本主義萌芽」，等等。

我正是在清理諸如此類問題的時候，遇到了馮先生這八個字：「中西之交，古今之異」。這八個字看來平常，卻是研究中西文化的大關節，是馮先生琢磨了大半生結晶出來的。把中國之古，何以為「古」；西洋為「今」，何以為「今」弄透，其他枝蔓問題都好辦。

早在 1920 年，馮友蘭到美國留學，他當時只有 25 歲，就談到他的初步體驗說：「我自從到美國以來，看見一個外國事物，總好拿它同中國的比較一下，起頭不過是拿具體的、個體的事物比較，後來漸及於抽象的、普通的事物；最後這些比較結晶為一大問題，就是東西洋文明的比較。[3]

---

3 〈與印度泰谷爾（今譯泰戈爾）談話（東西文明之比較觀）〉，《三松堂學術文集》，北大出版社 1984 年，第 11 頁。

　　這段話表明馮友蘭到美國不久就感到他學西方哲學，應該有「東西洋文明的比較」在胸。過兩年，即 1922 年，他進一步說明這個想法：「近二三年來，中西文化的主力軍，似乎漸漸地接觸。從前所謂兵戰商戰，由今視之，不過如兩邊先鋒隊斥候隊之小衝突而已。」「中西比較」才是「一種真問題——不是從前做文章所出之題」。對這樣的「真問題」，「非先把中國的一切東西，及外國的一切東西，都極深究不可」。換一句話說，就是非把現在人類所有的知識，都做深入的研究不可。「這種大業，就是孔子、亞里士多德復出，恐怕也要敬謝不敏。這須得很多專家，經很長時間，許多『史』才能濟事。」[4]

　　馮友蘭是既了解中國哲學，又很認真而系統地學習了西方哲學的學者。從他的著作可以看出，他不是到了外國，只蜻蜓點水般看了一兩本某某「大師」的書，便自以為是弄懂了「西學」的。「社會活動家」可以這樣做，真正的學者卻不能這樣。有這樣的思想認識在心底，馮友蘭便「極深研究」中國哲學史和西方哲學史，最終得出「中西之交，古今之異」這八個字。我寫《歐洲文明的進程》等書的時候，內心裏即裝着這八個字去寫「歐洲何以為歐洲」這一面，以反襯和點出「中國何以為中國」的另一面；因為作為一個中國人，特別是對自己的歷史社會人文有所了解的中國人，把別人了解清楚了，自然應該更明白我們缺少了甚麼，歸結到一句話，我們的歷史為甚麼沒有作為現代文明國家必備的科學和民主。所以我是以「歐洲何以

---

4 〈論「比較中西」——為談中西文化及民族論者進一解〉，《馮友蘭學術文集》，第 43-44 頁。

為歐洲，中國何以為中國」為主題而作我的研究的。一次有記者採訪我，便用了我說過的話「看的是歐洲，想的是中國」做了採訪記的題目。

這一切都有馮友蘭這八個字的影子。先別今古，再及其他。我的工作遠未做完。馮先生用了大半生的功夫，我到了五十多歲才有所悟，於今只二十年。天讓我退回二十年，我也許能做得好一些。

「周雖舊邦，其命維新」

馮先生很看重的一句話是「周雖舊邦，其命維新」，簡為「舊邦新命」四個字。「新命」是他的政治社會理想，是說中國是個古老而屢弱的「舊」國家，要通過全國人民的努力把它建設成一個「新」的現代文明國家。「舊邦新命」是接着上述「中西之交，古今之異」講的；有中西比較在前，則必然生出把古老的中國改造為現代「新」國家的使命。這一非常合乎邏輯的思想既是馮先生的理念，又是他的歷史觀。

在哲學上的表述則是有名的所謂「橫渠四句」：「為天地立心，為生民立命，為往聖繼絕學，為萬世開太平。」他說這後兩句是「人之所以異於禽獸者」的事。禽獸只有現在，沒有過去，也沒有未來。在地球上只有人才不但懂歷史，也懂得將來應該是甚麼樣子。「柏拉圖認為，在他的理想社會中，最合適的統治者是哲學家，即把哲學與政治實踐結合起來的『哲學王』。」（《中國現代哲學史》，廣東人民出版社，1999 年，第 247 頁）他認為，柏拉圖的「理想社會」，與儒家的「聖人最宜於做社會

最高統治者，因為他是廓然大公」（同上）的標準，是可以相表裏的。到那時就可以「為萬世開太平了」。這也是康德「永久和平論」的理想。

這些思想在馮友蘭的中年，即 50 歲以前，或者説在 1949 年以前已經形成了，即蔡仲德先生説的馮友蘭「實現自我」的一個成果。

在這一點上，馮友蘭與康德或者「不謀而合」，或者受到了康德的影響。馮先生和康德一樣，是「理性主義」者。他在中年接觸「唯物主義」，並有所認同，也是因為他認為「唯物主義」是「理性主義」的。（但他不贊成譯成中文這個「唯」字，因為一個「唯」字便一條道走到底，沒有選擇的餘地了；英文裏的 materialism，idealism 等都沒有「唯」的意思。）

馮友蘭一生是在校園裏度過的，他一生的活動從沒有離開過學校一步。無論在美國留學，還是在國內的燕京、北大、清華，等等，都是在學校的圈子裏讀書、寫書、教書，且在一些時候主持校務工作，包括「北校南遷」的繁重工作，在國難時期挽救教育免受日寇侵略的破壞。所以終其一生，他既是哲學家、哲學史家，同時也是教育家。不過時人經常忽視或忘記他在推動至少在清華和北大的文學院，特別是哲學系的教學貢獻。

馮先生研究哲學有兩大特點，一是很深入地研究中國哲學和西方哲學，不是把它們分為兩截。他到美國讀書時，國學的底子已經很堅實了，因此特別重視對於西方哲學的學習和研究。在美國，哲學繞不開詹姆斯（William James）、杜威（John Dewey）以及英國經驗學派的休謨（David Hume），馮友蘭不限

於此，上自柏拉圖、亞里士多德，下至康德、黑格爾，都很自然地「融」入他的哲學思考之中，終於形成他的接着宋明理學講的「新理學」。他在寫《中國哲學史》時已經形成了他自己的方法論，即以宋明理學為本，結合進西方的實用主義和理性主義，他自稱在「懷疑主義和武斷主義」之間取其「中道」。他還自稱是借用了黑格爾的「正、反、合」辯證方法和近代邏輯學的方法。我們如仔細讀馮先生的一些論述，會發現其中頗有康德的「影子」。我讀康德，有時就是從「新理學」得到參照和啟發的。馮友蘭從「東西文明之比較」入手，反過來再進入中國哲學，所以馮氏的「兼通中西」不是「中西併合」，而是「中西融合」而出以己意的。細讀馮先生的著作，莫不如此。

第二個特點是，馮先生認同金岳霖先生說的「哲學是概念的遊戲」，但馮友蘭並不是在「象牙之塔」裏摳「哲學概念」，他時刻關心着政治社會問題，用哲學思想及其歷史支持「舊邦新命」的理念，進入近代哲學時尤其如此。

這裏我抄兩段話，以說明這個特點：

在世界進步的潮流中，中國又落後了一步。為甚麼落後呢？這是一個大問題。這樣大的歷史變化必定有很多的原因，絕不是用一個原因可以說明的。儒家思想的統治是原因之一，除此之外至少還有兩個原因，一個是地理上的，一個是政治上的……沿海地區，如福建的泉州，廣東的廣州，是不是可以撇開內陸地區先行快跑呢？不行。因為在政治上是一個統一的國家，有一個中央集權的政府，把地方管住了，使沿海與內陸不能有很大的差別。內陸拖住了沿海的後腿。

西方有一句成語説：「一個艦隊的速度，決定於其中最慢的船。」一個艦隊的司令不能使慢船開快，只能使快船開慢，慢船拖住了快船的後腿。

統一是一件好事，也是一件不容易的事。歐洲的歷史中也有幾次統一，但沒有鞏固下來，至今還保持着像中國春秋戰國時代的諸侯割據的局面……中國自秦漢統一以來，中間也經過幾次分裂，但大體上保持着統一，有一個中央集權的政府統治全國。到了明清兩代，中央政府的權力尤為強大。統一是好事，有時也是壞事。中國沾統一的光，有時也吃統一的虧。上邊所説的拖後腿的情況，就是吃虧的一個例子。5

下面還有很長很長的發揮，馮先生常説他的書時有「十分可怪之論」，這兩段話可算一例。引這些話是説明馮先生講某個時期的哲學史必首先關注這個時期的歷史背景，就是舊的統一的中華帝國在世界潮流中的形勢，而不是游離其外的。這第六冊講的就是前面説到的「經學時代的退位」和與「西洋接觸政治、社會、經濟各方面，又有根本的變化」的交接期，即顯出「中西之交，古今之異」的那個時段。

馮友蘭先生當然首先是哲學家，但由於他從「東西文明之比較」入手，所以他必然要關注世界中的中國；更由於他生當「舊邦新命」之際，所以他不能不關心國家民族的命運和前途。正像他在抗日戰爭正酣之 1942 年寫的《新原人》自序中所説：

---

5 《中國哲學史新編》第六冊的緒論，人民出版社，1989 年，第 3–4 頁。

　　況我國家民族，值貞元之會，當絕續之交，通天人之際，達古今之變，明內聖外王之道者，豈可不盡所欲言，以為我國家致太平、我億兆安心立命之用乎？雖不能至，心嚮往之。非曰能之，願學焉。

　　世變方亟，所見日新，當隨時盡所欲言，俟國家大業告成，然後匯此一時所作，總名之曰「貞元之際所著書」，以志艱危，且鳴盛世。

聯繫到先生在抗戰初起參與領導「北校南遷」的壯舉，和在大西南十分艱危情況下為維繫民族文化教育所付出的心力，即可理解馮先生的哲學體系與「舊邦新命」的理念聯繫得何等緊密。

　　抗戰勝利後，南遷的西南聯大北歸，馮先生的心情之喜悅可想而知，欣然命筆為自己的論文選集《南渡集》作序曰：

　　「南渡集」者，餘自九一八以來所作短篇論文之選集也，文多發表於戰時之大後方，中原人士，多未之見，故為此集，備觀覽焉。集而名南渡者，以此選集紀念此段之中國歷史及個人之經歷也。稽之國史，歷代南渡之人，未有能北返者，吾輩親歷南渡，重返中原，其荷天之體，可謂前無古人也已。（《三松堂學術文集》，北京大學出版社，1984 年，第 624 頁）

抗日戰爭勝利後，西南聯大準備北歸，先生與同仁商議決定為西南聯大勒碑紀念，由先生撰寫碑文，碑文以古文為之，既壯懷激烈，又對勝利欣喜不已，「庾信不哀江南，杜甫喜收薊北」，全文一氣呵成，朗朗可誦，是收復失地的欣喜，是對國家

民族前途的繫念。紀念碑由聞一多篆額，羅庸書丹，實在是我前輩學人拳拳愛國赤誠之心的一個有歷史價值的見證。[6]

抗戰結束不久，內戰繼之而起，生靈再受塗炭，因此停止戰爭，建立和平、民主的國家，成了國人的共同心聲。

馮先生 1946 年 5 月 4 日在北平建國東堂的一次學術講座上作了一個不長但很有意義的演講，題目是《中國哲學與民主政治》。在講到「民主政治」時，他說：簡而言之，「民主包含有平等、自由等概念，它的含義就是思想自由、言論自由等等。政治的設施，能使人得到自由平等的，就稱為『民主政治』」。以下他講了四點意見：

第一點最重要，就是要有「人是人」的觀感。這是一個既有哲學意義，又有現實政治社會意義的大問題。馮先生說，人有獨立的人格，自由的意志，凡人都是彼此平等，決不能拿任何人作工具，這是講民主政治應有的常識。世界上最不道德之事，就是以別人為工具，以達到自己的目的。在此，他引用了康德的話：「德就是不能以人為工具。」而「人是人」也就是康德所強調的「人是目的」。這一點在「民主政治」中是根本的。馮友蘭超越了儒家「仁者，人也」的觀點，以康德的「人學」把「人是人」看作民主政治的基礎。

第二點，馮先生說，「對一切的事物都有多元論的看法」。他說，「我們覺得唯甚麼論，唯甚麼論，都是不對的。」有些思

---

6 文見《三松堂自序》，第 338–340 頁。

想本身可能沒甚麼錯，「但加上一個唯字，一唯就『唯一』壞了」。他主張應該持多元論的看法，而不求甚麼都整齊劃一。「民主政治就是政治要合乎中和的原則，容萬有不同而和合的發展。」

第三點，在第二點基礎上進一步提出「超越感」的必要性，就是要站在一切不同之上而有超越之感，而不是站在自己的觀點之上去衡量一切。有了不同的聲音，要像莊子說的「和之以天倪」，對萬物不齊，即以不齊齊之，便是超越的觀感。馮先生認為，「有此見解，彼此互忍相讓，才能談到民主政治。」

以上三點之外，還有一個有趣的第四點：「要有幽默感」，說幽默感在實行民主政治上也是很必需的。凡事總有比較多的失敗的時候，遇到這種情況，便「一笑了之」就是幽默感；「不然的話，不成功就要煩惱發悶，也許會得神經病。」這意思是說應該有「寬容」的大度。

講到最後，馮先生說了這麼一段話：「以上四種態度，都是實行民主政治的必要條件，必須大家都具這種見解，抱這種態度，人人尊重此種作風，才能實行真正的民主政治。中國哲學家，實應具有此等見解和態度，對於民主政治的實行的確是相合的。」[7]

我本人十分看重馮先生這篇不算太長的講話，因為：

---

7 見《三松堂學術文集》，第 631–637 頁。

第一，這篇講話非常通俗易懂而又十分概括地講明了「舊邦新命」中的「新命」應該是怎樣的，期望有一天將出現符合這四個條件的民主政治局面。

第二，講這番話時，馮友蘭先生已經從東西文明、東西哲學的比較入手，通過兩卷《哲學史》、「貞元六書」以及眾多文章，把建立自己的哲學思想體系完成了。這個哲學體系包容了純粹哲學、道德哲學和政治哲學，體現了馮先生的圓熟通脫的學養和風格。

讀馮先生這個時期以及前此（包括青年時期）的著作和文章的時候，我時常感到，無論世事人生何等艱難坎坷，他是既勤奮又以自由自在的心態在研究、在寫作、在教學的。馮先生的形象 —— 思想之馳騁飛揚，想像力之豐富活潑而又絕不離開他以生命為之的哲學 —— 躍然紙上。以 1932 至 1935 年所寫的四篇《新對話》為例，馮先生讓朱熹和戴震的靈魂會晤於「無何有之鄉」；辯論宋學和漢學，後來公孫龍子的靈魂也參加進來。這些靈魂在對話中時時語出機鋒而富有幽默感，對話內容覆蓋了眾多哲學問題，絕對是妙趣橫生的「哲理散文」。

「馮學」體系到上世紀四十年代已經完成了。這樣說，無論從哪方面說都是不錯的。

「海闊天空我自飛」

1949 年新中國成立。馮友蘭滿以為他所矚望的「新命」能夠通過社會主義的道路來實現。但是事與願違，他面臨的是從

未有過的新事態和新問題。從 1950 年起到「文革」結束止，他不斷受到強力的「批判」和難以想像的政治壓力和折磨，到「文革」期間達到極致。他的言論被輯入了廣泛散發的「內部」小冊子《地主資產階級反動言論》當中，供人們「批判」。後來馮先生在自述 1949 年以來的經歷時說，他不得不寫了不少對以前的著作的「懺悔」之作，「批判」以致否定以往的學術成就，「在領導和群眾的鼓勵之下，我暫時走上了批孔和尊孔的道路……」並自責說，「這一部分思想就不是（修辭）立其誠，而是嘩眾取寵了。」[8]

對一位卓有成就、飲譽中外的老學者，橫加強大的政治壓力，逼他「懺悔」，而後「自責」，這只有在文化專制主義大行其道的時候才做得出。老先生內心隱忍和痛苦之深，可想而知。

這一頁「漫漫長夜」，不堪回首，就算翻過去了吧。痛定思痛，先生已八十高齡，決定按自己的意思去做，以隨後二十多年之功，在溘然長逝之前，完成了《中國哲學史新編》七冊，真可謂人間奇跡！

「新編」新在何處？我才疏學淺，不敢妄評，至少從第六冊起續上了原《中國哲學史》的近現代部分，算是一「新」吧。這個時期的開始亦即繼「經學時代」結束後的新時代。這是前面所說的「中西之交，古今之異」顯現出來的時代。這個時期具有古今中外錯綜交匯的時代特點，「純粹」的哲學不足以駕馭

---

8 《三松堂自序》，人民出版社 1998 年，第 176–177 頁。

這個時代，馮先生的思想豁然開朗，第六、七兩冊實際上是哲學史、思想史以及政治思想史結合或融合的歷史，這是非常有創造性的、視界開闊的寫法，如第六冊中以黃宗羲、顏元、戴震的批判精神開其端，立即轉入晚清的幾段時代思潮和代表人物的思想。其中馮先生對洪秀全和曾國藩這對對手的分析（兼及農民運動在歷史上的「作用」）完全突破了流行的成說。指出洪秀全引進的並不是西方真正的基督教，而是以民間迷信為底本引進了歐洲中世紀的「神權統治」，洪的「理論」如果真的實現了，那中國將會「倒退」到歐洲中世紀的狀況。曾國藩鎮壓了「太平天國」，阻止了歷史的「倒退」，是立了一功；當然他的「洋務措施」是為了維繫滿清的統治，是沒有疑問的。他還說洪秀全代表的是「農」，曾國藩代表的是「工」，從這點看洪代表「倒退」，曾代表「進步」。這又是馮先生自認為的「非常可怪之論」。

寫到第七冊時，進入了現代，馮先生已是九十高齡，一生豐富而曲折的閱歷使他的思想越加深沉、老練而生動，心態越加自由，擺脫掉沉重的精神枷鎖，他感到「俯仰無愧怍，海闊天空我自飛」的自由。在這一冊裏，不僅評述了作為純粹哲學家的熊十力、金岳霖以及他自己的哲學體系，而且評述了陳獨秀、孫中山、毛澤東等這一時期不可繞過的歷史人物的思想。老人可能預感到，有些話與時論不合或相悖，不一定能出版。所以在「自序」中寫道：「船山在深山中著書達數百卷，沒有人為他出版；幾百年以後，終於出版了，此所謂『文章自有命，不仗史筆垂』。」

　　果然不幸而言中，出版社終於拿不出能夠擺明的任何理由或托詞，硬是沒有把第七冊與前六冊一併出齊，被稀裏糊塗地至第六冊「截肢」了。一個變通的方法是，廣東人民出版社把第七冊單獨印出，改名為《中國現代哲學史》，原來的第八十一章「總結」本是全七冊的「總結」，改成了「第十一章」，「總結」變成了《中國現代哲學史》這一單行本的「總結」了。這是出版業的一椿奇特的現象。但是還多虧了廣東人民出版社的鼎力，才使第七冊得為海內國人所見。

　　這篇「總結」，寫得揮灑自如，了無掛礙，遠至天地，近在人文，古今中外悉熔冶於老人心中，極概括，極凝練，在告別人世之前，他再次引用柏拉圖關於洞穴人初次見到陽光時那種「善的理念」的故事，再次唸叨他一生奉為座右銘一般的「橫渠四句」，告訴人們要看重思想，因為「思想是人生中的光」，祈盼着「仇必和而解」、「為萬世開太平」的未來世界；像康德一樣把永久和平託付給人類社會的未來。

行文風格

　　最後，講幾句馮先生的「行文風格」，我學習他的著作時，經常感到，無論是文言、語體，都非常之「順」，曉暢通達；把高深的哲學問題寫得那樣明白，那樣深入淺出，沒有一般哲學著作的「哲學腔」。這不是常人能做到的。馮先生就算不是唯一的，也是極罕見的。誠然這不單純是文字問題，而首先是把問題吃透了，看穿了，才能舉重若輕。惟深入才能淺出。他常用一些「大白話」對深奧的複雜的問題作點睛之筆，一語道破。

如大家都知道的，馮先生常説哲學史是「照着講」，哲學是「接着講」。

如他講歷史的農民運動，即使「成功」了，也不過自己當了另一朝皇帝，他不會選舉一個總統，因為他代表的是落後的生產力。

「二律背反」是康德的一個很重要的看問題的方法論，康德説「二律背反」把他從「獨斷論」中喚醒。馮先生著作中自覺或不自覺地以這個法則分析矛盾問題，達到圓熟的地步。馮先生戲稱之為「公説公有理，婆説婆有理」。

如他講中國傳統哲學和西方形而上學的方法論，用中國傳統畫月亮的兩種方法作比喻：一種是在天空畫一個圓圈，是所謂「正」的方法；另一種是塗上一片雲彩，中間留出一塊空白作為月亮，這種畫法稱為「烘雲托月」，是為「負」的方法，即不是先説事物的性質是甚麼，而是先説這種事物的性質不是甚麼。(這個比喻馮先生不止一次用過；我至少在《新知言》中講形而上學的方法中見過；在《新編》第八十一章「總結」中又見過。)

馮先生作文從不裝腔作勢、故作高深，這類深入淺出的例子在馮著不勝枚舉，從他青年時期的文章到他 95 歲的《新編·總結》，行文一貫如此，越到老年，越加爐火純青。

馮友蘭先生留給後人的，是一宗取之不盡的學術寶藏，不僅治哲學者應該繼承和挖掘，廣而言之，治社會科學人文學科者，也可以從中取得意想不到的收益。

馮友蘭與康德

最近，我突然發現馮友蘭與康德有相似的地方。就是都能把不同類，甚至相左的事情，加以融會貫通，最後歸一到一個兼容並蓄的大境界裏。「萬物皆備於我。」馮先生把萬物都備於他的四種境界中去。在今天的歷史條件下，可以把馬克思、柏格森（Henri Bergson）、歐洲古典哲學等等，都納入中國的「天人境界」中去。

康德則是用先驗理性原則把二律背反範疇裏的問題通通解決了。凡人世間的一切矛盾都是理性（他有時用「自然」，有時用「天意」，有時還用「無上命令」等等）在先天就決定了的。理性讓各種矛盾存在，理性又可以化解它們。理性決定了人類社會最終必將歸於一個世界大同境界，雖然理性同樣也決定了人類必然有一個分裂、紛爭、相互傾軋的民族國家時期。理性既決定了這個，又決定了那個。而在實現大同世界以前，就要靠道德規範、法來制約。當然，這種道德規範、法，也是理性的體現。法，屬於政治範疇，政治本應服從道德；但在現實中，政治時時表現為與道德的背離，表現出相當大的「權宜」性。但政治最終應服從理性的道德「命令」而達到政治與道德的統一。康德認為，理性從本質上是譴責戰爭的，然而，交戰雙方又都說自己屬於正義的一方，都有充足理由與對方作戰。在人類的野蠻時代，沒有法庭可以裁決是非，有了法，便可以

用法來約束了。這一切都符合理性的先驗規定。二律背反中的問題在現世都無法解決，拿到理性世界就一通百通。所以，在康德那裏，理性是個無所不包的法寶，也是「萬物皆備於我」。

馮友蘭與康德很不同的一點是，馮不承認「此岸」、「彼岸」之分，即不像康德心中有個「彼岸」。馬克思曾說，康德的道德律不是宗教，因為道德的基礎是「自律」，而宗教的基礎是「他律」。但康德歸根到底還是有「彼岸世界」，即他的道德律最終仍是「他律」。因為他說不清「理性」到底是甚麼和在哪裏，似乎是「此岸」所抓不到的，因此他時時要變換着「自然」、「造物主」、「天意」之類的概念。在馮先生那裏，則沒有這些糾纏不清的情結，他的「新理學」完全是現世的。

馮先生和康德都遇到了許多難解決的問題，但最後都達到了方圓能周、異道相安的境界。馮先生承緒中國哲學時時存而不論的傳統，力求儘可能地在現世中徹悟，不能徹悟的便存之於天地之間。康德則把無法解悟的事，在努力到盡頭時推給「彼岸」。

馮、康還有一點不一樣，是風格上的不一樣：馮先生能把極複雜的事說得很易解，所謂深入淺出；康德則力求科學邏輯的絕對嚴密無縫隙，因此每每把本來不那麼複雜的事說得很複雜。

1986 年 6 月 28 日

牟宗三與康德

　　牟宗三去年（1995）過世。牟氏著作等身，早年宗熊十力，
所以他於哲學的研究，頗重視佛學的哲學意義，由釋返儒，這
是熊十力的道路。而牟氏於哲學的貢獻，最重要的在於他對中
西兩學的深層融通，而不只限於概念、詞語上的比較和比附。
是提升到人類智慧、識見的水準，把中西哲學作貫通的理解。
誠如他說的：「柏拉圖、亞里士多德、宗教耶穌、聖多瑪、近
世笛卡爾、萊布尼茨、陸克、休謨、康德、羅素，代表西方之
慧解；孔、孟、老、莊、王弼、向秀、郭象、智儼、荊溪、知
禮、杜順、賢首、濂溪、橫渠、二程、朱子、五峰、象山、陽
明、龍溪、劉蕺山，代表中國之慧解。」這兩種慧解本是各行
其道，而達到相當高的智慧，不論其為東、為西，就可以實現
心領神悟的通解，而兩相消融。

　　於是牟宗三提出：「中西融通之橋樑乃在康德。」因為「古
今哲人，辨力之強，建構力之大，莫過於康德」。牟氏於康德
哲學用力甚勤，他發現，康德的人類理性的「至善境界」（所
謂「人類理性的立法」）把「是甚麼」的自然哲學和「應當是
甚麼」的道德哲學結合為整一的哲學體系，知性和理性的區別
和統一，等等，都可以作為一種架構把中國的儒道釋哲學撐起
來。這不僅是方法問題，而且是說東西智慧發展到足夠的高度
的時候，相互間是可以彼此理解的。說康德的「建構力」很大，
就是說他能夠容納和消解中國哲學。中國哲學從古到今一路下

來，須得把它「系統化」起來，這誠然是哲學史的工作，然而要把它的哲學內涵實現出來，單靠逐句疏解是不行的，就如牟氏說的，中國哲學「多圓融平實」，而「圓融平實」是一種很高的境界，如果達不到這個境界，就會流於昏沉和膚淺。所以中國古書，從前的三家村學究們，可以倒背如流，充其量可作為律己責人的戒條，但對裏面內蘊的哲理，卻茫然無所悟。

這就是說，中國哲學「須建構以充之」。牟氏的意見就是用康德的「建構」以充之。當然絕不是「對號入座」般的把中國哲學圖解般地「建構」起來，而是從中更深刻而準確地理解兩種「慧解」。

這種康德的「建構」看來有這樣幾個層次。

最上層是「至善」這一層，在哲學是最高境界，道德上達到了圓善圓滿的境界，所謂「理性立法」，世界萬物都自覺地受理性的管制。從人類社會發展的眼光看，就是「世界大同」，天下萬物都能體仁、歸仁。

達到這種理性境界，按照西方哲學經歷過基督教的潛移默化，自然上帝是起最大作用的，因為一切都是他安排的。但是在作論證的時候，「上帝」卻起不了實際作用，上帝屬於信仰的事。「信仰」，是無理可說的；所以上帝不解決「論證」的問題。論證還要靠凡人講道理。康德的理論雖然很深奧晦澀，可是他是凡人講道理。說上帝相當於中國的「天」，是至高無上的。但是中國的「天」沒有那麼深的宗教意味。

凡人講道理，最要緊的是靠「知性」。康德特重理性，然而他同樣堅持理性必通過知性才能達到。所以康德講的許多道

理都是講「知性」，講 understanding。而不是直通通地就達到了理性。康德的話看起來空，其實它很實。那個理性是建築在厚厚的知性上的。所以道德也是從知性來，是智慧達到了很高的程度才有了道德。它不僅僅是心性的體驗。中國常是把道德和知識分開的，有沒有知識與有沒有道德是兩碼事。陸九淵與朱熹的爭論開始時就在這裏。所謂「鵝湖之辯」。後來朱熹作總結，跟陸九淵和解了。用康德的觀點來「建構」，「知性」和「理性」原是一股道上的事。牟先生很重視康德的這個認識。康德的看法近儒不近佛。佛講頓悟或漸悟，儒就需要知的支撐。牟先生師法熊十力，從佛入儒，所以他覺得康德很親切。他說：「熊先生每常勸人為學進德勿輕忽知識，勿低視思辨。知識不足，則無資以運轉；思辨不足，則浮泛而籠統。空談修養，空說立志，虛餒迂陋，終立不起，亦無所修，亦無所養。縱有穎悟，亦是浮明；縱有性情，亦浸灌不深，枯萎以死。」這雖是講的熊先生，從中也可看到牟先生對康德的領悟。牟先生在不少地方建議後學特別要重視康德的知性。惟其如此，那理性才不是空的。蓋理性必有一長時期的知性作準備也。

牟氏所言「建構」，源亦出於康德。康德云：「夫建構（architectonic）一辭，乃建築一系統之術也。如無系統的整一體，則我們的知識不能成為學問。它將是一種總合，但卻不是體系。因此之故，精確的知識的學說必是建構性的，並且必定因而形成我們的方法。」「所謂體系，意即在一種觀念下的各種知識的整一體。」「科學的觀念包括目的和符合於此目的的全部形式。」部分必須服從整體，不能偏離最終目的。所以，「哲學是全部哲學知識的體系」。

哲學，用康德的術語，就是「人類理性的立法」。它包含兩方面的內容，就是說，「人類理性」像法官一樣，它要裁判的是兩個對象物，即自然和自由。因此，這個「立法」，不僅包括自然的各種法律（法則），而且也包括道德的法律；它們起初分屬兩個互不從屬的體系，到最後便匯合成為一個認識的最高的哲學體系（one grand philosophical system of cognition）。「自然的哲學討論的是一切歸於是甚麼的問題，而道德的哲學則討論應當是甚麼的問題。」

至此，康德的「大建構」已經出來了。牟宗三正是看中了這個「大建構」，這個「建構」確實可以把中國哲學「撐」起來。康德沒有像萊布尼茨那樣理解伏羲的「八卦圖」，但是他與中國哲學卻可以相互包容。牟氏認為，康德的圖式與中國哲學有一種深層通感，康德的「建構」體系的方法可以把中西哲學溝通起來；而中國哲學之智的直覺又可以「補充」康德。為甚麼這樣說呢？我想，康德的局限性在基督教，而中國哲學沒有這個限制，可以繼續無止境地想下去。但中國哲學有另外的局限性，即它總離不開政治，離不開「經世致用」，不獨立。說康德的「構建」可以把中國儒學「撐」起來，一在於這樣看出中國哲學之可以成為體系；二則從內容上看，中西「慧解」之可以融通。

牟氏是否這樣理解康德的橋樑作用的？我不知道。目前我只能理解到這一步。

1996 年 1 月 17 日

羅章龍與康德

1924 年，羅章龍奉中共中央委派參加共產國際第五次大會。然後又到漢堡出席「運輸國際」世界會議。在途經波蘭時，曾專程去柯尼斯堡拜訪康德故居，瞻仰了康德墓。他晚年自述，當時曾徘徊竟日，不忍離去，並有詩云：

> 墓道莊嚴銘語在，
> 蕭條異代感同懷。
> 東西海岸先知出，
> 曾見金人入夢來。

康德墓道銘文為「我頭頂的星空和我內心的道德法則」。「蕭條異代」取杜詩「悵望千秋一灑淚，蕭條異代不同時」。「東西海岸」源出陸九淵「東海有聖人出焉，西海有聖人出焉，此心同也，此理同也」。「金人入夢」，見《後漢書·西域傳》：「世傳明帝夢見金人，長大，頂有光明，以問群臣。或曰：『西方有神，名曰佛，其形長丈六尺而黃金色。』」

近世牟宗三以康德為中西哲學的橋樑，羅章龍詩略有此意，而早於牟了。

前此，「五四」時期羅章龍在北京大學與師友成立「亢慕義齋」翻譯社，遴選西方最有代表性的哲史書籍迻譯成中文，向中國讀者介紹。「亢慕義」者指「共產主義」外語音，所以

譯事以介紹馬克思主義為主。當時李大釗、陳延年等都曾參與其事。羅氏與商章孫合譯了德國哲學家卡爾·福爾倫德（Karl Vorländer）所著《康德傳》。當時「亢慕義齋」旨在研究馬克思主義，而《康德傳》之譯，定是因為康德的哲學思想對後來的社會主義思潮具有後發之力。

羅氏譯《康德傳》，或是比較全面介紹康德的早期之作。

1997 年 3 月 1 日

陳衡哲和她的《西洋史》

　　2002 年，我在北京大學國際關係學院給本科生開了一門「歐洲文明史論」的課。在第一堂課開始時給學生開的參考書目中就有這本陳衡哲著的《西洋史》。我對學生們說：「到現在為止，中國人寫的《西洋史》當中，我還沒有見到比這本書寫得更好的。陳衡哲（1890–1976）是誰呢，她是『五四』前後的一位新文化女戰士，文學、歷史、哲學兼通。」五年後，工人出版社重印了這本《西洋史》的插圖本，除本文外，前面有孫郁的推薦序，在附錄中重印了胡適當年寫的「一部開山的作品」和陳衡哲本人寫的「我幼時求學的經過」。現在我鄭重地向讀者，特別是年輕的讀者們，推薦這本別開生面的《西洋史》。我相信，看了這本書，一定會滿懷興味地、在欣賞它的文筆的同時，獲得許多歷史知識。

　　陳衡哲寫這本書是在上世紀二十年代初，「五四」新文化運動還在感染着她和她同時代的才俊們。那個時代，出現了許多篤學深思、思想活躍的青年學者，國家民族的命運和世界的大潮一起湧進他們的頭腦裏。他們抱着崇高的情懷從事文化教育的工作，他們在了解和介紹國外的各種知識和思想時，沒有甚麼功利之心。可惜，他們許多人在 1949 年以後的數十年間在國內竟然幾乎湮沒無聞。多虧了「改革開放」，像陳衡哲這樣的人和他們的書或文，才部分地出現在讀者面前。我初見遼寧教

育出版社重印的這本書的小開本時已是 1998 年，那一年我已經 68 歲了。在讀這本書時，我大喜過望，慨歎以前我竟一點兒也不知道有這樣一本好書！

陳衡哲早年留學美國，讀世界史，回國後執教北京大學、北京女子師範大學、東南大學、四川大學。比較出名的著作有《小雨點》、《文藝復興小史》、《衡哲散文集》等。《西洋史》初版印於二十年代初，到 1927 年已印了六版，流傳之廣可以想見。

她在書中談到寫這本書的目的時這樣說：「歷史不是叫我們哭的，也不是叫我們笑的，乃是要求我們明白他的。」（《西洋史》，工人出版社，2007 年，頁 3，以下除另註明外皆出自此書）整書就是要叫人「明白的」。

第二次世界大戰剛剛過去，中國又陷在內戰中了。這本書便作於「內戰的四川」和「齊盧（魯）戰爭」的「炮聲炮影」之中。

她在原序中說，近年來讀史的結果，「深悟到戰爭是一件反文化的事」，因此寫史的動機之一便是「揭穿武人政客的黑幕，揭穿他們愚弄人民的黑幕」（頁 3）。《西洋史》不純然是「戰爭史」，但作者是抱着上述的良知來動筆的（另一動機是教育學生）。

這本書最突出的特點，也是優點，就在於它的「寫法」。文學和歷史，現存的分科是兩科，陳衡哲則是文學家寫歷史，所以是「史中有文，文中有史」。胡適說：「陳女士是喜歡文藝的，所以她作歷史敍述的文字也很有文學的意味。敍述夾議論的文字，在白話文裏還不多見。陳女士在這一方面的努力很可

以給我們開一個新方向。」（頁 296）下面順手引一些原話，以徵胡適的這些評語。

如講古希臘城邦時殖民地的形成：

> 希臘因城邦的發展，社會發生了重大的變化）此時國中的農民，因被貴族的欺凌，日益貧苦。有飯吃的變為窮人，窮人就賣田賣身，成為貴族的奴隸。但這個情形豈容長久？希臘的地勢，本來是港灣羅布，交通便利，現在卻成為那些農民的唯一生路了。於是走！走！走！他們有向東走的，有向南走的，也有向西走的。他們無論走到甚麼地步，都可以遇見他們同鄉人的商站；他們便住了下來，把那些希臘商場變為希臘殖民地。國內貴族的壓力越大，農民離國的也越多，而希臘的殖民地，因此也就佈滿了小亞細亞的東南岸，黑海的各岸，以及地中海的北岸；而愛琴海及克里地群島就更不消說了。意大利的文化也是在此時下的種子；而那個小亞細亞沿岸的伊奧尼（Ionia），又是與後來希臘的文化極有關係的。（頁 56）

古希臘殖民地的地圖隨着人員的到處流動就這樣展開了。作者分層次地擺出了一個立體的希臘文化：因宜分不宜合的地理而產生無數小城邦；因無數互相競爭的自立小城邦而一方面產生了一群愛自由的小民主國，另一方面得到政治上的破產，卻產生了一個「空前絕後的優美文化」。（頁 78）

又如羅馬文明盛極而衰，但又影響深遠，這是人人都知道的，但是作者不滿足於平鋪直敍，更不簡單化地評說。她寫道：

　　（羅馬衰落了）但是詩人說得好，「落紅不是無情物，化作春泥更護花」。上古的末年，西羅馬的文化，卻並不曾以此忘其天職，結果是中古末年古文化的大復活。意大利的文藝復興，又何嘗是無情之物呢？……（它）走入了西歐各土，後來便在那裏發芽展葉起來，為近代產生了一個燦爛的文化。（頁 208）

　　陳衡哲由此抒懷：「武力的勝利在一時，文化的勝利在永久。意大利所受的委屈，不過數百年，而他在文化史上的功績，卻真是千古不朽的了。」（頁 208）作者的廣闊的文化史觀躍然紙上，她的視野不囿於一時一事，而是動態的，跨時空的。她寫文藝復興時期的人文主義者彼特拉克（Francesco Petrarca）時說他常常心馳神往地將身移置到古文人的社會中去（所謂「復興」），長懷着那「悵望千秋一灑淚，蕭條異代不同時」的感慨。（頁 188）

　　這類亦史亦文的例子，書中甚多。在我這類年紀的人，讀來頗覺有滋味。習慣於當前時文的青年可能覺得有些異樣，但相信反會有新鮮感。書中佳什如山陰道上，目不暇接，任讀者自去採拾。

　　在歐洲近代史中，英國革命和法國革命的比較至今仍是一個時髦話題。有些論者往往不究國情，不問革命起源和複雜的過程，統統直奔革命的爆發點和某些後果，在加以有傾向性的「比較」時，每每感情用事或以偏概全，以致好就一切都好，糟便從頭糟到底。近幾年來，此間以英國革命批評法國革命的聲音越來越多，大體上是認為法國革命是以暴力（攻打巴士底

獄）起，以暴力（白色恐怖）終。我以前也是這樣認為的，並說過英國革命是「文火燉」，法國革命是「猛火炒」那樣的比喻，其實是多少缺少了史識。法國的情況與英國不同，那時想走英國的道路也走不了。英國革命在書中沒有用「革命」二字，而是從「大憲章」起寫它的源起，國王與貴族怎樣經過若干次較量的反復，怎樣發生了好幾年的內戰，才最後從荷蘭迎來了新國君。其間歷史翻過了三四百年。英國的「光榮革命」當然沒有流血，但前此國王與議會的內戰已流了不少血，國王查理（Charles I）比法國的路易十六（Louis XVI）先一步被送上了斷頭台。法國自古以來便有王權專政的傳統，法國的貴族不像英國的貴族，他們的權勢階層是附於王權的臣子，他們沒有獨立到足以限制國王權限的能力，以致社會的各種矛盾衝突終於匯成一種迅猛的衝擊力，打開了革命的口子。這種衝擊力造成了革命者的分派和內訌，不僅互相殘殺，而且被殃及者無數。「溫和派」的羅蘭夫人（Madame Roland）沉痛地說：「自由，自由，多少罪惡假汝以行！」「革命」在猛火之中燃起，後遺症卻長期延續下來，最倒霉的還是「革命派」口口聲聲代表的人民，他們受到的折騰和折磨，文字難以表達。在爾後幾十年的反復中，資產階級才逐漸成熟起來。

歷史是叫人明白的。陳衡哲在英法兩種革命上着墨甚多，而且是在歷史進程中把兩個革命的異同，客觀地交代清楚。她說：法國革命的結果是：「（一）舊制度的毀滅，（二）平民的失望，（三）中等社會的大交鴻運。第一項是一件收束以往的史跡，第二、第三項，卻是此後百年間歐洲社會上的一個大問題的開端。法國革命在歐洲歷史上的位置，如是如是。」（頁

327）作者略帶調侃地說，法國革命雖不免流了許多血，闖了許多禍，委屈了許多人士，做了許多可笑的改革，但對於它所舉的「三個標幟（自由、平等和博愛）」，「大致終算是達到了」。（頁327）

　　陳衡哲這些評論是否公允，專家們可以評說。我理解她的意思，如果沒有法國革命這樣的「大地震」，自由平等博愛這類口號可能還不能很快在舊大陸傳播開來；這些法國革命時期的口號，在法國以及其他歐陸民族，無論誰當政，真心也好，假意也罷，都不能避而不談。小拿破崙（Nicolas Sarközy）在競選時的「招貼」，上面通欄就大字寫着這三個口號；這表示，這些口號已經深入人心了。就像我們今天，民主自由已沒有人能公開否定了。

　　英國道路也好，法國道路也好，都是要改變舊制度。路徑不同是歷史造成的，不是誰說了算的。

　　從1848年到1914年這六十多年是歐洲頭緒最繁多，形勢最多變的年代，大國競爭與制衡，各類同盟相互牽制，戰爭與外交交織，政治危機迭起，其間又有德意志和意大利的統一，巴爾幹地區的複雜鬥爭，殖民地的激烈爭奪，等等，把歐洲搞得周天寒徹。昨天還是朋友，今天反目成仇的事，比比皆是。同時這一時期又是民主理念迅速普及、工業革命長足發展、科學技術文學藝術空前繁榮以及各種流派的「社會主義」同時或先後登場的時期。許許多多的事件交錯，糾纏成一團亂麻，既需要梳理得條分縷析，又要說明各種因素相互之間看得見和看不見的絲絲聯繫，實在是件很吃力的工作，比寫譬如「文藝復興」、宗教改革，都更有其難處。

寫歷史是很難的。難處之一在於歷史材料是「死」的，時代越久遠材料越是「死」的。你可以搜集之、挖掘之，但你絕不能憑空「製造」之。然而，如何認識和處理這些「死」材料，使它「活」起來，那就要靠史家的想像力、認識力以及文采風華了。古人說，治史需要有史德、史識和史才。陳衡哲可說具備這三者了。

歷史是複雜的，由於「國際的混亂」，《西洋史》更是複雜的，所以不能只拘泥於某一種史觀，我十分贊同陳衡哲在給胡適的信中所說的：

> 你說我反對唯物史觀，這是不然的；你但看我的那本《西洋史》，便可以明白，我也是深受這個史觀的影響的一個人。但我確（實）不承認，歷史的解釋是 unitary（一元的）的；我承認唯物史觀為解釋歷史的良好的工具之一，但不是他的唯一工具。（《胡適來往書信選》，中華書局，1979 年，頁 252）

我認為這段話至少對我有指導意義。以「多元」代「一元」，無疑是破除各種「八股」，也是解放思想的重要「法門」。我前些時候曾想過，寫學術文章為甚麼一定要有既定的格式和語言呢？為甚麼一定要依從某一種「理論框架」那樣起承轉合呢？為甚麼不能把「散文」寫進學術呢？使學術論文展現作者的「個性」呢？我一直努力這樣做，只是才疏學淺，難有顯著成效。因此當我第一次讀到這本書的時候，我即暗想：這正是我想做的。

　　這本書，依作者例言，其範圍以「文化的歐洲」及「純粹歐化的美洲為限」。也就是從希臘羅馬到 1914 年。後來由於想把美洲另出一冊，所以現在的《西洋史》沒有包括美洲。遺憾的是，另出一冊的美洲，作者似乎終於沒有騰出手來。最後在這一章裏有兩處引起了我特別的注意。

　　第一是對歐洲小國的關注。北歐三國以及西班牙、葡萄牙、荷蘭、比利時、瑞士等等都在歷史進程中有它們的位置和影響。自從央視「熱播」《大國崛起》以來，「大國」和「崛起」之聲甚囂塵上，人們的眼光都注射在「大」國上了。我不禁想到：為甚麼很少有人也看看「小國的魅力」呢？要講「市民社會」等等時髦名詞，小國可能比大國更有資格。《西洋史》中有這麼幾句話：

　　　　這三國（指前述的瑞典、挪威和丹麥）在近世歐洲政治上的地位，是很不足輕重的，但他們在文學上的貢獻，卻可以算是第一等。他們的大學，不但大大影響了歐洲的思想及人生觀，並且已經超山越海的侵入我們的青年界了。挪威的易卜生（Ibsen），已成為我們的老朋友，不用說了；此外如丹麥的童話大家安徒生（Andersen），丹麥的批評家白蘭得斯（Brandes），都是不單屬於一國一洲的人士，他們是應為全世界所公有的。（頁 363–364）

　　滿腦子只有「政治」的人可能要說：「文學算甚麼？」但是他們不知道，一個沒有文學的民族很可能是弱智的。

　　第二是《西洋史》的最後一章《歐洲與世界》，已經不自覺地透露出「全球化」的前景。陳衡哲寫道：

十九世紀下半葉以後，歐洲歷史的重心點，已由歐洲本土漸漸移向世界，所以我們對於這時期中歐洲歷史的注意點，也就側重在他與世界關係了……十九世紀的歐洲歷史，便成為世界化，而世界的歷史，也就不得不以歐洲為中心點了……十九世紀歐洲的文化，如民治主義等，也就無限止的輸入到世界各國了，這也是助成歐史世界化的又一原因。（前面提到「世界化」的第一原因是「工業革命」）（頁367）

作者是太重視精神、文化了，大量的史材終是要托出時代的精神。這種關懷時時在夾敘夾議中自然流動出來。如她讀到中世紀和近代的區別時，把「中古」比作「戴着面罩，關在小屋子裏」的僧侶，近世卻是一個享受「現在」和「此地」之美的「強健少年」。像這類寫法，讀到此處，能夠就此放手麼？

讀者當然不會忘記此時大西洋彼岸的早已建成世界第一個憲政民主的聯邦共和國的美國文明正是歐洲文明的延伸和創新。前面談到，作者本來是打算把「美國和南北美洲」另外成書的。

中國工人出版社重出的插圖本《西洋史》的封面上寫着「大師寫給大眾的經典歷史讀物」。我想，它當之無愧。

順便提一下，書中有一處錯誤，是作者弄錯了，即宗教改革期間的伊拉斯謨的生年，兩處誤置為 1304 年。他的生卒年應分別為 1469 和 1536 年。

最後，我要向讀者鄭重推薦孫郁先生為本書寫的「推薦序」。這可不是一般的序文。它很扼要地告訴讀者，這是怎樣的一本「奇書」，陳衡哲寫書的社會氣氛和她本人的心思。還有陳

衡哲、任鴻雋一家人與胡適的交往，那一代的知識界的精神世界促成了一種令我們羨慕的自由流暢的人文氛圍。這篇「推薦序」肯定有助於讀懂和欣賞這本《西洋史》。

2008 年 1 月 24 日於京中芳古園陋室

中西史學一通人
—— 讀雷海宗《西洋文化史綱要》

　　最近在我的書桌上擺着上海古籍出版社策劃的「蓬萊閣叢書」中之一種：雷海宗撰《西洋文化史綱要》。翻閱之餘產生了一些感想。

　　雷海宗這個名字，有好幾十年極少有人提起了，現在的中青年人更少知道他。在 1952 年「院系調整」以前的清華園，雷海宗在學生中是與潘光旦、梁思成、陳岱孫、馮友蘭等等許多教授齊名的。當年我非要上清華大學不可，主要就是因為清華園裏有這些受人推重的學者。梅貽琦的名言 ——「所謂大學者，非謂有大樓之謂也，有大師之謂也。」—— 今天已是人們耳熟能詳了。雷海宗便是梅先生說的那樣的「大師」。

　　「院系調整」後，清華文科名師當然都「分流」到其他高校和中科院哲學社會科學部去了；大部分到了北京大學；雷先生則被調到天津南開大學歷史系，這是南開大學的幸運。不過幾年後，雷先生也和許許多多的老學人一樣被打成了右派。後來摘了帽子，沒幾年，雷先生就辭世了。他沒有趕上「文化大革命」，否則也難逃此劫。

　　這部《西洋文化史綱要》是雷先生二十世紀三十年代在武漢大學的講課提綱，當時正是武大的鼎盛時期，名師如雲。這

可不是一般的講課提綱。它有綱有目，綱舉目張，每綱每目的下面都綴上一句畫龍點睛的話。有些歷史基礎的人，一看眼前就自然而然地會出現一幅生動的西洋歷史長卷。我沒有聽過雷先生的課，據為這本書寫「導讀」的王敦敏先生說，有人形容雷先生是「其聲如雷，其學如海，史學之宗」。看了這份「綱要」，竟使我感覺到，雷先生就在眼前講課。

這份七十年前的講課「綱要」把西洋文化史分為醞釀時期、封建時代的盛期和末期、舊制度時代和歐美文明時代。這種分期法與習慣的希臘羅馬時期 —— 中世紀時期 —— 近代時期……有所不同，更加凸顯了文化和社會的變化。雷先生在「封建時代」之後添了一個「舊制度時代」，而不是從封建時代一下子跳進近代，這是因為在文藝復興、宗教革命以後，歐洲大陸確實出現了一段「君主專制國家之興起」的時期；然而也正是在這一段時期（相當於十七八世紀），「新科學之初興」、「新哲學之初興」、「新文學之初興」同時登上了西洋的歷史舞台，這是時代的悖論，也是向新時代的召喚，表明「舊制度時代」註定要被新的文明時代所取代。

雷先生在「舊制度時代」之後徑直進入了西洋文化的「歐美文明時代」（1815年後），從而完成了雷先生的西洋文化史的完整體系。特別引起我的注意的是，最後一章〈西洋文化之新局面與新趨向〉的最後一節是這樣寫的：「全世界各民族文化之大轉機，（A）西洋文化勢力之普及全世 —— 勢力且將日增；（B）西洋文化命運與人類命運之打成一片。」雷先生在七十年前已經觸及了「全球化」的問題。

很可惜，這只是一份講課的「綱要」，並不是講稿本身。聽過上過雷先生的課的人說，雷先生是不照本宣科的，上得講堂，先把從何年到何年（相當於中國的何朝何代）寫在黑板上，然後就開講。因此沒有寫出的講稿傳世。但就只這本「綱要」，印成書已近 400 頁，而且才氣四溢。

雷先生是兼通中西的，他在教西洋史的同時還開過中國古代史，如先秦史、秦漢史等課。那個時代的學者，都是學兼中西的，即使是理工科的教授也都有相當堅實的文史科學養。中國的近代教育本來是重視「通才教育」（liberal education）的，但是近半個多世紀以來發生了變化。單就史學而論，分科即相當的刻板，治中國史的，粗知世界史已不錯了；治西洋史而懂中國史的，可以說幾乎是鳳毛麟角。而在世界史一科，又細分為國別史，幾乎互不相涉。近來更有一種現象，蜂擁般的投向「美國史」，並且無論有無主客觀條件，都去弄「中美關係」，這從一些高校史學系的博士、碩士論文的題目中可窺見這種畸形現象的漫延。我想，原因固然很多，但原因之一可能也是長期以來忽視「通識教育」、分科過細、涇渭分明、急功近利、追逐「熱門」的一個結果。好比一個口腔醫生，只會看「門牙」，不會看「槽牙」，你以為這位牙醫是稱職的麼？這是事關教育的另一問題，此處不贅。不久前看到錢偉長先生答《光明日報》記者問，他主張拆掉某些科系之間的「牆」。我非常擁護。

在西洋史中，中世紀是頭緒最多、最難梳理的，但它卻是近代資本主義誕生的「前提」史期。我個人對之傾心久矣；以為那是一段非常引人入勝的長時期；欲在深層理解近代，那是不可繞過的。但我「眼高手低」，力不能勝，只能「述而不作」

而已。西方史學界也把中世紀當作一門「攻堅性」的學問，足見其難。雷先生負笈域外，實際上綜合了西方學術界當時最新成果而出以己意，他的講授「綱要」用了很大的篇幅講他稱之為歐西「封建時代」從「盛期」到「末期」的中世紀。其眼界涉及這個長達十世紀之久的時代的政治文化、經濟生活、農業和工商業、基督教教會和文明、「神道學與書院哲學」（今所謂神學和經院哲學）、科學與教育、市民社會之誕生等等的演變，條分縷析，眉目昭然。如果有幸親臨雷先生設帳，一定會覺得那就相當於一部歐洲中世紀的「百科全書」。

雷海宗先生執教鞭幾十年，雖少有專著，但論文甚豐，廣涉中西文史諸科。朱自清先生《詩言志辨》在論及先秦時期的「外交賦詩」時，特引用了雷先生在〈古代中國的外交〉一文中的一段話。這段話把魯文公十三年鄭、晉、魯、楚諸國國君以賦詩為媒介相互應答的情景，寫得簡潔而又生動，可證雷先生的史學造詣是有着深厚而純熟的國學根底的。他的講課，如當時有人筆錄（這樣的人如健在也有七八十歲了！）加以校核整理，定是史學中的一部經典。我還想，如果有哪家出版社把雷先生的論文彙集起來，包括講課筆錄（如果有的話），輯印成書，亦當是一件嘉惠後學的善舉。

2002 年 2 月

不見人間寵辱驚
—— 讀《顧準文集》

　　最近得到一本《顧準文集》，除幾年前已印成單行本的《希臘城邦制度》外，把顧準其他遺稿都收進去了。這是件大好事。我一口氣讀完，忍不住要寫些感想。

　　顧準，二十年前已經作古了，生前並不是「名人」，估計知道他的人不見得很多。根據整理遺文的他的弟弟陳敏之寫的傳記，顧準於 1915 年生於上海，早年參加革命，在相當時期內都是作財經方面的實際工作；新中國成立後，他已成為一位司局級幹部了。先是隨軍回到上海，很快調到北京，繼續作財經工作，旋進入經濟研究所做研究工作。從 1952 年直到 1974 年底逝世的二十二年當中，顧準遇上了厄運，屢次挨批挨鬥，兩次劃成右派，「文革」時更慘，幾乎被弄得家破人亡……然而，他在這樣的艱難困頓之中竟一頭埋進中外史籍裏去了。《希臘城邦制度》就是他的讀書筆記，雖以不壽而未終篇，但經過陳敏之整理後的印行本，已足見他把希臘城邦史摸透了。《文集》中的另一大部分是顧準以通信的方式給陳敏之寄去的學術筆記。這組文稿，共十八篇，都是 1973、1974 年抱病寫的，陳敏之冠以《從理想主義到經驗主義》的總標題。《顧準文集》廣涉文史哲政經，就中西文明作了深刻的歷史思考，其中不乏對馬克思主義的一些理論問題的頗為明辨的反思。

「文集」全豹，讀者會自己去領略，我想說的只是我為甚麼喜歡這本書，並深為折服和感動。

首先當然服的是顧準的那種精神。過去常說，日子不好過的時候就去讀書；話好說，真的做起來卻不易，一心一意地做到底尤不易。顧準作學問的一個重要動機是反思過去，在那種年月對不可動搖的東西進行反思，豈不是犯了天條！更何況對於早年投身革命的人，作這樣的反思其內心的痛苦恐怕比挨批判乃至皮肉之苦更甚。他說：「人要有想像力，那千真萬確是對的。沒有想像力，我們年輕時哪裏會革命？還不是庸庸碌碌做一個小市民？不過，當我們經歷多一點，年紀大一點，詩意逐步轉為散文說理的時候，就得分析分析想像力了。」「我轉到這樣冷靜的分析的時候，曾經十分痛苦，曾經像托爾斯泰所寫的列文那樣，為我的無信仰而無所憑依。」[1]「從詩意到散文」，多少人都有過這種體驗；痛苦過後，原來許多似是實非的事情就可能弄得明白些了。像顧準，終於豁然於原來的「理想主義」，其實不過是「庸俗化了的教條主義」，於是，「不再有恩格斯所說過的，他們對黑格爾，也對過去信仰過的一切東西的敬畏之念了」。[2] 應該說，一部《顧準文集》都是這些肺腑之言的註解。這是真正的「解放思想」，想穿了也就釋然了，也就達到了最高級的解脫。

---

1 《顧準文集》，貴州人民出版社，1994年，第404頁。
2 同上書，第405頁。

我喜歡那本書，當然還由於有些問題恰是我腦子裏常常思考的。例如像中國歷史上到底有沒有「資本主義萌芽」這回事。中國人、外國人都爭論這個問題。吾國史學界見仁見智，意見不一，但正統意見似說是有的，具體地說在明朝已有了那「萌芽」，甚至有的說在宋朝就有的，說《清明上河圖》上畫的那些汴京市井、舟楫之利就是「萌芽」。至於明朝，材料史多了，元末明初徐一夔寫的《織工對》之類就反映了當時江南手工業工場的情況，並以此為「萌芽」的證明。學理上的問題在這裏且不深究，只是這問題的背後似乎潛藏着一個對西方文明的影響如何看法的問題：如果中國歷史真的可以自己產生資本主義，則何需借助西方文明？當然事實是中國社會之變，又確實是由於有了西方文明的闖入才促成的。梁漱溟先生是最崇尚傳統儒學的，連他也說過「假使中國沒有西洋文化進來，則再過二千年其生活仍不變」。

反正事實是中國社會是在接觸了西方文明才大變的，相反的情況在歷史上則已無從證明。然而若是按照顧準的辦法，從東西文明史之差異入手，那麼，隨着研究的延伸，問題便可水到渠成地了然於心。顧準寫這些東西的時候，腦子裏不一定先伏下一條線，只是一篇一篇地寫下去，所以行文很隨便，並沒有太考究。可是一路下來，東西兩條線就分明地浮現出來了，此所謂西方之所以為西方，而我們之所以為我們。西方歷史是非「言必稱希臘」不可的；一如中國歷史必講先秦。以後各自的發展都同自己的源頭有關。《文集》中有些諸如西方議會史何以為中國所無、中西對民主觀念的歧異、「人間世的基調是進化，革命則是進化受到壅塞時的潰決」，以及學術自由之促進

科學等等各式各樣問題，顧準都在歷史裏探尋其源流和究竟，而非即興的泛泛之論。今天歐洲的青年肯定認為蘇格拉底、柏拉圖同他們沒多大關係；中國的青年或許覺得看自家的孔老墨韓倒不如翻翻人家的海德格爾（Martin Heidegger）和哈貝馬斯（Jürgen Habermas）。這都自然得很。問題是若要把事情想得深一些，說得圓一些，則必自文明的源頭始。

搞清楚這些歷史問題，並不是好古。顧準把眼睛盯着希臘羅馬，目的卻是要弄清楚，我們是怎樣變成今天這種樣子的。我相信我沒有曲解死者，顧準並不僅僅是「為學問而學問」。《文集》中那篇〈希臘思想、基督教和中國的史官文化〉堪稱全集的點睛之筆，把兩種文化分道揚鑣之處點出來了，兩種文明各走各的路。希臘思想引向科學與民主，而「史官文化」則通向專制主義。「史官文化」是從范文瀾那裏借用過來的，按顧準的解釋，那是為「政治權威」服務的文化：「所謂史官文化者，以政治權威為無上權威，使文化從屬政治權威，絕對不得涉及超過政治權威的宇宙與其他問題的這種文化之謂也。」[3] 這種文化孕育成形於商、周，漢武帝時期該是「史官文化」首次趨於完備的時期，董仲舒、公孫弘與有力焉；孔子首倡私人辦學，至此又復轉為官辦。唐太宗命孔穎達修《五經正義》，應是「史官文化」的第二次完善。至朱夫子《四書章句集註》之成為官定教科書，官學之結合便成為中國歷史不可動搖的精神傳

---

3 《顧準文集》，第 244 頁。

統了。對照當時「文革」官學氣焰之飛揚跋扈，那種「史官文化」的歷史承接在顧準的心目中一定是極其清晰的。希臘思想則不同，它給予基督教文化的是理性；承續希臘思想的西方傳統文化雖然給「上帝」留下了最終裁決權，可是畢竟把「上帝」以下的廣袤的萬千世界交給了人間。歐洲中世紀的歷史告訴人們，基督教文化並不排斥「宇宙問題」的研究，而且特注重文教之功，歐洲許多名牌大學誕生於基督教鼎盛時期，而且學術研究之風因而大昌。我們常引伽利略、布魯諾等之被迫害而指證宗教與科學之兩不相容，引宗教裁判所之鎮壓理性主義而確證宗教之鼓勵愚昧，這些都是事實。但是卻因而忽略了另一種事實；文藝復興後最早把自然科學帶進古老中華帝國的，也恰是宣講「天主教義」的利瑪竇、湯若望（Johann Adam Schall von Bell）等耶穌會士。所以就基督教的總體精神而言，無論是舊教，還是新教，尤其是在與理性結合的時候，它至少並不堵塞科學的道路，較之中國「史官文化」之束縛思想，把人的思想牢牢地禁錮在禮法道統之內，其對科學與進步之推動作用，固可不待馬克斯・韋伯（Max Weber）而後可明矣。

事實上，基督教文明越是理性化，留給「上帝」的實際地盤就越少。這是我們中國人所不易明白的，以為宗教既是「鴉片」，則是徹頭徹尾的海洛因無疑。其實，阿奎那（St. Thomas Aquinas）寫《神學大全》（*Summa Theologica*）已經把早期基督教神學中相當一大部分分給了世俗的思想家。世人只側重說阿奎那繼承和總結了聖・奧古斯丁（Aurelius Augustine）以來的神學，卻不看他「修正」了奧古斯丁。所以，基督教文明有妨礙科學的一面，也有鼓勵科學發展的一面。信如顧準說的，

解析幾何的發明者笛卡爾是十七世紀的人；萊布尼茨是微積分的發明者，是十八世紀的人；他們都是理性主義者，都把理性的力量歸結為上帝的威力。數學和邏輯學不是直接掌握自然的實驗科學本身，然而它們是實驗科學的不可缺少的工具。基督教固然阻礙了這方面的研究（例如某些教皇之所為），然而，既然它的前提是「真善」，它的存在本身就是鼓勵這方面的研究。事實上，確實有許多科學家是虔誠的基督教徒，他們研究的目的，是想要證明上帝哩。[4]

緊接着，顧準反問：

這是「史官文化」所能做到的嗎？「史官文化」固然杜絕了宗教發展的道路，可是同時杜絕了無關於「禮法」的一切學問的發展的道路。倡導史官文化的人，只看到宗教是迷信，他們不知道基督教的上帝是哲學化了的上帝，是真的化身。不知道正因為中國史官文化佔統治，所以中國沒有數學，沒有邏輯學（應該說「沒有科學」。——陳註）。

所以，所謂「史官文化」也者，其核心是宗法、封建社會的「禮法」，這於今日社會進步是有百害而無一利的。一個社會之發展，經濟固是基礎，而如果作為上層建築的「禮法」、「道統」之類依然支配着社會，則經濟發展也會受到限制。這是一條人們爛熟於心的馬克思主義的原理。所以，換言之，如果舊制度的法權不變，依然是「天王聖明、臣罪當誅」，縱使經濟上

---

4 《顧準文集》，第 246 頁。

有發展，也無由產生資本主義生產關係的「萌芽」。舊說這本已有之的「萌芽」是被外國侵略扼殺的，其結果倒是開脫了中國歷史上皇權專制的責任。顧準懂得歷史，更有「文革」的切身體驗，因而對所謂「史官文化」之窒息思想和妨礙進步，感觸特深：

> 我們有些侈談甚麼中國也可以從內部自然生長出資本主
> 義的人們，忘掉資本主義並不純粹是一種經濟現象，它也是
> 一種法權體系。法權體系是上層建築。並不是只有經濟基礎
> 才決定上層建築。上層建築也能使甚麼樣的經濟結構生長出
> 來或生長不出來。資本主義是從希臘羅馬文明產生出來，印
> 度、中國、波斯、阿拉伯、東正教文明都沒有產生出資本主
> 義，這並不是偶然的。[5]

顧準是做財經工作出身的，卻得出不能以經濟因素單打一地決定社會進步的看法，這在今天怕也有參考意義吧。

由此，我聯想到，對中國傳統文化思想的歷史評價，也該從它對社會進步到底起何種作用出發，而不應大而化之地講博大精深。我甚愛我國的傳統文化，愛到癡迷的程度，但若論它對歷史的前進有何作用，卻不能以「感情」代替「理智」，不能有嗜痂之癖。中國歷史那樣長時間的自我循環，傳統文化的束縛是無法推諉的原因。這是歷史的事實。因此，中國傳統文化自有其固有價值，但其價值卻不在於能否促進現代化，不在於狹隘地看它有用或無用。問題比較複雜，這裏就不多說了。

---

5 《顧準文集》，第 318 頁。

對於希臘思想的民主主義傳統，顧準也有分析，至少有雅典民主的傳統與斯巴達「民主集體主義，集體英雄主義……」兩大潮流洶湧其間。這種見解固然來自歷史，然而也同顧準的切膚之痛有密切關係。他對斯巴達式的民主的評論，其實就是對「文革」式「大民主」的聲討。我只能抄下他自己的話以見其激憤之情：

> 我對斯巴達體系懷有複雜矛盾的感情。平等主義、鬥爭精神、民主集體主義，我親身經歷過這樣的生活，我深深體會，這是艱難環境下打倒壓迫者的革命運動所不可缺少的。但是，斯巴達歷史表明，借寡頭政體、嚴酷紀律長期維持的這種平等主義、尚武精神和集體主義，其結果必然是形式主義和偽善，是堂皇的外觀和腐敗的內容，是金玉其外而敗絮其中：相反，還因為它必定要「砍掉長得過高的穀穗」，必定要使一片田地的穀子長得一般齊 —— 它又不精心選種，不斷向上，卻相反要高的向低的看齊 —— 所以，斯巴達除掉歷史的聲名而外，它自己在文化和學術上甚麼也沒有留下，甚至歌頌它的偉大的著作，還要雅典人來寫。[6]

即使是雅典的民主，在爾後歷史的發展中，也變了味兒，成了古老的美好夢境，因為人類歷史並非一直是城邦史，就連在它發源的希臘，「城邦」也已成了歷史陳跡。馬克思在設計未來社會時，常想到雅典式「直接民主」的啟示，甚至覺得1870年的巴黎公社就有點兒「直接民主」的味道。然而，「可惜馬克思在這個問題上沒有更經驗主義一些，過分理想化。理想的靈

---

6 《顧準文集》，第257頁。

感又從來不是憑空可以來到的（所謂太陽底下無新事），他不免取法於他深愛的雅典；然而雅典民主的條件又不存在了，結果反而被掛羊頭賣狗肉的僭主們所利用，真是遺憾！」[7]

這段話寫於 1973 年 6 月，幸而沒有被當時的「有司」發現，否則少不得要加上一行「借（洋）古諷今」的罪名。

讀《顧準文集》，我想到了明人祝枝山的一句詩：「不見人間寵辱驚」，所以他能心靜如水；但卻沒有「何時總入煙霞去」般地逃遁現實，所以書中滋味同現實的感觸會自然撞擊流淌在一起。這些文稿並沒有作太多的加工，全是為了探索人類歷史發展的軌跡，有感而發，必得有此求真知而忘榮辱的胸懷，才能如此超脫於那種年月的文化思想的重壓而時發獨立而超前之想，才能夠淋漓暢快地思接千載，視通萬里。

幾年前讀顧準的《希臘城邦制度》時，只覺是本好書，並不曾引起我如今天般的注意。如今這本文集，看着看着，竟不禁為之擊節者再，有感於先得我心者再；讀至痛切處甚至禁不住扼腕而歎。總之對之蕭然起敬。因想在我國這種屈大夫、太史公類的知識分子，自不止顧準一人，許多人或因所治非關「熱點」問題而為時潮所淹，或者因無人發現遂爾湮沒不聞。顧準身後，遺着得以整理傳世，並有王元化、陳敏之諸先生作序、介紹生平，雖然首次印數只有三千，這份文化財富總算保存下來了，差可告慰顧準於九泉了。

1995 年 3 月

7　同上書，第 259 頁。

坐視世界如恆沙
──談黃仁宇的「大歷史」觀念

　　近得海外歷史學家黃仁宇先生寫的三本書：《放寬歷史的視界》、《資本主義和二十一世紀》和《地北天南敍古今》。三本書用一種生動活潑的體裁系統地講歷史，推事及理，有敍有議，讀下去自會嚐出興味來。

　　所得印象之最要者是書中屢次出現的「大歷史」（macro history）的觀念。言其是最要者，是因為它涉及指導人們觀察歷史的一條通路。這是個歷史觀問題。「大歷史」之「大」，自然非關細節，而在於規律。黃先生自己解釋就是「用長時間遠距離視界的條件重新檢討歷史」。我想略近於司馬遷之「窮天人之際，通古今之變」。南宋周密在《齊東野語》自序裏記述周密的父親如何用周氏先人的「手澤數十大帙」來訓示周密，說只有周氏家乘不可刪，而國史之論異，每多「私意」，因而「國史凡幾修，是非凡幾易」，意思是史無信史。這是指某些具體史實和它們的細節而言。馮友蘭先生在三十年代寫《中國哲學史》時也曾說、晚年寫《中國哲學史新編》時又重說，寫出的「歷史書」與真正演過的歷史永遠不可能完全契合。他說的也是指史實以及古來哲學家們的思想。我想，這正是歷史研究之所以沒有止境的原因；否則，天下有一定本便可了事，何勞沒完沒了地炒冷飯。殊不知歷史並非由人擺佈的物件，總時有新資

料、新看法冒出來。因此大學要設歷史系，研究所也有各種歷史研究所；許多史學家皓首窮經，無非此史。

若夫黃仁宇先生之所謂「大者」，卻不全是周密和馮先生說的那些意思，當然要重史實，但着重點卻放在歷史何以如此、而不如彼，即論證「歷史的長期合理性」（long term rationality of history）。就像「資本主義」這種怪物，從萌芽到形成，是在西歐的歷史長過程中進行的，它是「動態」的，並不是誰先打好了腹稿然後寫出來的文章，是先有其物，後得其名的。資本主義肇始於中世紀後，而有「資本主義」之稱謂則最早是在十九世紀。世界之所以為現今之世界，中國之所以為現今之中國，都有其「長期合理性」。只能是這個樣子，不可能是別的樣子，用不着去做那種「如果」怎麼樣就可能怎麼樣的假想。明乎此，也就不至於陷進某些事理（哪怕是很重要的事理）的爭論中去了，對歷史人物之臧否，自只能置於廣闊的歷史背景之中多些冷靜的分析而少有情感上的好惡。

這裏的「大」，黃氏是根據英文的「macro」，非單純指其包羅面之寬、之大，而更言其縱貫性之深、之遠。如中華帝國中央集權及其官僚結構，從秦漢，歷經隋唐宋，而及於明清這三個歷史階段，幾乎繫於一根脈絡，它是破除了先秦封建制而建立起來的。這三個階段的經濟財政情況基本上是「內向的」、「非競爭性的」；商業間有繁榮，政策舉措間有改動，但都不曾形成突破性的、使社會結構發生變化的進展；即使有王安石新法一類，只因缺乏「低層機構」的支撐而不果行，並非只因政治上反對派作梗之故。歐洲史卻不同，文藝復興作為中世紀的反動，衝破了神學禁錮，同時又在市鎮社會結構的基礎上推動

了「分層機構」的建設，商業繁榮引出工業革命，直到成為綿延了好幾個世紀的「全球性龐大組織與運動」實現了資本主義的所謂三點「技術性格」：「資金廣泛的流通」（wide extension of credit）、「經理人才不顧人身關係的僱用」（impersonal management）和「技術上之支持因素通盤使用」（pooling of service facilities）。[1]三種「技術性格」合在一起構築成黃先生書中頻頻提到的用「數目字」來管理的社會機制。

　　黃先生提倡「大歷史」觀念，自有其深層的現實意義在，即着眼於外界對中國之認識和中國對外界之認識。常有這樣的事，外界人（特別是西洋人）每每奇怪於中國何以爾爾而不爾爾；中國人也常有對外界的一些事情惑然不解的。其中原因固然很多，不了解彼此的歷史必然性當是‧重要原因之一。這實際涉及到對世情、國情的了解深度問題。黃氏著書，筆在歷史，意在當今，特別要從中國人的立場看歷史，以探索近代中國的問題根源，並利於廓清為何和如何把今天的改革推向前進的問題。為此，黃先生以為至少需了解四百年來的世界文明發展歷史，若能回溯更早時期則更好：「好像凡有一件重要的事件發生，必有後面的背景，只要它能與以前或以後的人與事互相映證，就取得它在歷史上長期的合理性。」[2]「歷史上長期的合理性」，剛才說過是很要緊的幾個字。歷史，就是歷史，如實看就是了。外界研究中國，或對中國有興趣的人也該如黃先生所說

1　黃仁宇，《資本主義和二十一世紀》，台灣台北聯經出版事業社，第 32–33 頁。
2　黃仁宇，《放寬歷史的視界》，北允晨叢刊 19，第 194 頁。

的，先得看透中國的情況，不便看了些皮毛就率爾用海外標準量來量去。

這四百年，在中國屬於明清兩朝。中國正是在這期間很快地與歐洲拉開了差距。我們時時聽到一種說法，現在中國落後了，十六世紀以前可了不起呢。也許是。不過到四百年前的1600 年前後，實在已沒有甚麼了不起了。利瑪竇等到中國來的時候，至少在徐光啟的眼睛裏，在泰西水法、幾何、兵器、氣象、地理等項上，西方是可以為中國之師的。徐光啟師事利瑪竇等人，用功最勤的是在自然科學方面；天主教義云云，徐多是用來「補儒易佛」的，雖然他皈依了天主教。以黃先生的表述方式，當西方正在用「數目字」管理國家經濟的時候，明清兩朝還實行着向「落後」或「低水平」看齊的政策，商業活動遠未引出資本的集中和生產力的躍進，相反，封閉式的、非競爭性的、內向的、中央集權的政策，形成了一種長期的慣性。因此，黃先生以為，在這種情形下硬說明代已有「資本主義萌芽」，實乏充足根據。黃先生從《三言》裏分析明代經濟，沒有得出彼時有「資本主義萌芽」的結論。這使我不禁聯想到一種相當普遍的說法，即《金瓶梅》、《紅樓夢》等都反映了當時的中國社會有了「萌芽」。我自愧譾陋，沒有研究，一直是只作為一種小說來看的。

與「大歷史」相聯繫，黃先生十分着力於對歐洲資本主義（以及封建主義）的分析。這裏也有學理的和實際的兩層意義。我意一向以為，資本主義之產生於歐洲有其深刻的歷史內因，簡言之有其人文的（希臘思想、文藝復興、宗教革命）、科學技術的和經濟生產的三重密切膠合的意義。或許也就是黃先生所

謂西歐資本主義乃是「思想、宗教與法制及經濟互相銜接」之產物。[3] 恩格斯在分析十八世紀的英國狀況時早就作出過精闢的剖析。然而，黃仁宇先生特意強調的，是資本主義的「技術問題」（或曰「技術性格」），儘量剔除其「道德問題」（或意識形態因素）。這是黃先生的苦心。今日我們的改革中提倡的引進這些「技術」，包括股份、股票、商品市場之類屬於「用數目字」管理的東西，都可以用來為中國特色的社會主義服務；若是一提到意識形態，就立即會出現判斷問題，至於其是否有用倒丟在一邊了；設若陷於「資」、「社」之辯而久久不能自拔，那麼，大好時機不免又會放過，到頭來只會比別人再次落後一大截。

事實上，不必，也不應把技術問題當作成套數的（package）資本主義。成套數的資本主義是西歐的特產，美國獨立戰爭以前，這宗特產已經傳到了美洲，它不能不顧歷史條件地到處移植。中國的「大」歷史決定了在中國產生不了歐美式的資本主義。

黃仁宇先生有些話說得是很直截了當的。例如他說，中國要改革，就必須把外國的好東西拿來用，在這種「構成一種可以在數目字上管理的目標之下，一定要考究這種體制帶有多少資本主義的色彩，是否夠得上稱為社會主義，或者是否與共產主義衝突，在我看來這些問題大部已屬於摩登學究的領域，與實際情形已無具體的關係。」[4] 這樣當然可能招致責難：難道

3　同上書，第 105 頁。
4　同上書，第 260 頁。

「資」、「社」之分都不要問了麼？黃先生的意見是：「（中國）今後的趨向，無法抄襲西歐和日本，所以今後發展必帶着濃厚的集體性，也必有社會主義的性格，在這種不能過左也不能過右的場合之下，如果朝野人士對一時一事作政策上和具體上的爭辯，還講得通，要是劈頭劈腦，猶在整個輪廓上以主義為名，堅持我們個人理想上空中樓閣之弊齊完美，則為不智。」[5] 黃先生是用「大歷史」的視角來看歷史的，我也是用「大歷史」的視角去讀他的書，並不拘泥於他對某人、某事、某物的評論，因為仍誠如黃先生說的，僅以二十世紀以來的中國革命史論，即的確是「人類歷史中最龐大的一次革命」，「此間經過事跡的背景及發展，已非平常尺度所能衡量，也超過各人的人身經驗。」[6] 我覺得，黃仁宇先生的善意和運筆時的匠心，給人的印象確是十分深刻的。

　　黃先生用了很多筆墨論證現在通用的「封建主義」、「資本主義」等概念，說到底都是源於西歐歷史的觀念，現在用開來，內涵和外延都起了很大的變化。中國的歷史學也實在不幸，古史就少有創造概念的習慣，而自從中西文化發生接觸以來，西洋的治史法就漸漸影響着中國史學，並且佔了主要的位置。記得我青年時（解放初期）初讀社會發展史就曾惶惑了好一陣子，小時候讀柳宗元《封建論》，明明說：「彼封建者，更古聖王堯舜禹湯文武而莫能去之。」又說：「夫堯舜禹湯之事遠矣，及有周而甚詳：周有天下，裂土田而瓜分之，設五等⋯⋯」然而這

5　同上書，第 261 頁。
6　黃仁宇，《資本主義和二十一世紀》，第 447 頁。

顯然與根據社會發展史寫的中國歷史對不上號;在這些歷史教科書裏大多説那該屬於「奴隸制社會」而秦始皇之「廢封建、立郡縣」才算進入了「封建社會」。我太鑽牛角尖了:柳宗元筆下的「封建」本與洋文的「封建主義」(feudalism),差可比擬,怎麼取消了「feudalism」的秦始皇反倒是「feudalism」了呢?讀了郭沫若先生的《奴隸制社會》和《中國古代社會研究》才恍然覺得問題是可以説圓的:因為這「封建」並非那「封建」。一、二十年後,我參加農村「四清」工作隊,到一個生產很落後而貧窮的生產隊去打「走資本主義道路的當權派」,這次,跟我學過的馬克思《資本論》又對不上號了,在火熱的鬥爭中當然不敢説甚麼,只心裏嘀咕了一下就是了,最後懂得了原來「資本主義道路」是可以畫得很寬的。到了「文革」時期,又是「社會主義的草」,又是「資本主義的苗」,雖然又一時犯過糊塗,不過醒悟得總不算慢,原來那仍是政治立場問題,並無關學理上的界定和探討。「百無一用是書生」,但倒也從中學會了注意「提法」的本領,因為那確實是十分重要的;至於實質是甚麼,反而成為次要的了。

黃仁宇先生青壯年時期,軍旅匆匆,對政治風雲的變幻頗多體驗和感觸;解甲後潛心治史,尤專明史;數十年來足跡遍海內外,所見者廣,積累了豐富的人生經歷,所以治學才能升東嶽而知眾山迤邐。黃先生對某些問題的見解在三本書中屢次出現,適足説明他對所關心的問題之刻骨銘心,因而不憚三復斯言。三本書涉及的問題很多,實際上把中國歷史和歐洲歷史從中古到當今爬梳了一遍,我這篇短文只單單揀出一個作為認識論的「大歷史」問題來蛇足一番,因為我以為那是三書之眼,

其餘幾乎都是對「大歷史」作的註解和發揮。聽說，黃先生還將有直接以「大歷史」命書名的新作，我深信同已發表的著作一樣，都將是對史學的貢獻。

1992 年 8 月

釋「歷史的長期合理性」

　　看黃仁宇的幾本書，尤其是即將看完的這本《中國大歷史》，腦子裏總轉着「歷史的長期合理性」。黃氏會通上下千數百年的歐洲史或中國史，都是在註解這幾個字。任何一個國家（特別是一個有古老歷史文明的大國）從遠古發展到今天，都不是誰的主觀願望決定的。西方有個笛卡爾，中國就是沒有，你想讓他有，也辦不到；同樣，中國有程朱陸王，而西方卻沒有，這也不是誰的主觀意圖決定的。古希臘羅馬接下來是中世紀，是日耳曼文明的基督教化，不可能斜出一個秦漢式的「廢封建，立郡縣」。中國沒有與西歐的中世紀相應的政治歷史社會時期，自也沒有作為中世紀之反動的文藝復興。這都沒有是非曲直可言。在這裏，道德的力量是無能為力的，起作用的是社會規律。所以用西洋史來參比中國史，每每對不上路。不幸的是，我們編寫自己的歷史，常常套用了西方史的分期法，左右不對勁。中國的歷史就是按照自己的軌道運行的，它自己不會橫出一個西方史期來。說來說去，最能概括中國接觸西洋文明以前的漫長歷史的，還是孔、孟的兩句話。孔子認為，殷因於夏禮，所損益可知也；周因於殷禮，所損益可知也。周以後怎麼樣？孔子沒有看見，屬於「未來世界」。到了秦，算是歷史的一個斷裂，而秦以後又是漢承秦制，而且以皇帝為象徵的中央集權的官僚體制，代代相因，所損益可知也。孟子在列強紛

爭的時候說了句幾千年的歷史予以驗證的預言:「天下惡乎定?定於一。」怎樣定法?孟子的意見有兩條,要麼「以力假仁者霸」,要麼「以德行仁者王」。孟子當然主張後者。他到處宣講,但歷史並沒有按他的意思發展。不過,「定於一」還是長期歷史的規律。雖說天下大勢分久必合,合久必分,中國歷史總是以一為主。一是「相因」,再加上「定於一」,1840 年以前的中國歷史,大體如是。

秦漢以降的兩千來年,形成了一種社會模式,一朝一代地傳下來,格局大致未變。黃仁宇作了一個通俗的形象化的比喻,說是好像美國所謂「潛水艇夾肉麵包」(submarine sandwich):「上面是一塊長麵包,大而無當,此即是『文官集團』;下面也是一塊長麵包,大而無當,即成萬成千的農民,其組織以純樸雷同為主;中層機構簡單,傳統社會以『尊卑男女長幼』作法治的基礎,無意增加社會的繁複。上下的聯繫,倚靠科舉制度。」這是一個中央集權的官僚主義體制──上面這塊長麵包,象徵着以皇權為首的整套官僚機制,壓在社會上頭,使整個社會動彈不得。這塊長麵包到了十六世紀的明代,不僅毫無鬆動跡象,而且更加強化了:為了加強專制統治,在中央機構中,廢去了中書省和丞相,分相權於吏、戶、禮、兵、刑、工六部,直屬皇帝。而錦衣衛和東廠之設,更標誌着君主專制的加強。這與同一時期的西歐正在衝擊中世紀的束縛,自是鮮明的對照。

在這樣的社會結構裏,縱有王安石一類人物,奮發圖強,動作甚大,也動不了這種結構的一根毫毛。黃仁宇舉王安石的例子最多,其實中國歷史上凡有些新思想的(且休說「改

革」），大多人亡事廢，例不鮮見。明朝中晚期有個張居正，結局很是不妙，多少接觸了一些「洋務」的徐光啟，為重整國防，屢次上疏言事，甚至得到了萬曆皇帝的「恩准」主持兵事，然而各部不配合，該派人的不派人，該撥餉的不撥餉，弄得年屆古稀的徐光啟光杆司令一個，空有「聖旨」一紙在手，在官僚機器中呼天不應、呼地不靈，結果只好上表「乞骸」！所以這樣的社會結構着實屬害得很！

這種社會結構的最大特點，黃仁宇認為在於它不是一個「用數目字管理的社會」，因此不能在技術上、運作上使社會自動地發揮作用，像一架機器一樣。而一個社會只要不能用數目字來管理，只要它是靠人的主觀意願來管理，這個社會就很難進入現代化。因為，某一個人，例如王安石，可能很聰明，他的新法對社會經濟也很有利，但是那個社會不配套，也沒有相應的財政、貨幣和稅收政策和實行這些政策的機制，結果新法終是行不通；當然所用非人和終於陷入黨爭，也使新法變了味道。

黃氏着意於從一個社會的「技術性格」來考察問題，繞開了那討厭的「道德性格」，實為解決難題的一個好辦法——把一個社會（傳統的和現代的）的「技術性格」摸透，無疑對於我們今天的事業也大有裨益。所謂「技術性格」，那是有其自身規律的；它是在歷史當中形成的，有其「長期的合理性」，也就是有其規律性和歷史的必然性。然而，這在康德看來仍然屬於現象（phenomena），而「現象」是依照自然律作為原因的結果而被決定的；作為本體（noumena）或物自身，人類的行為是被「道德律」所決定的。因此，「技術性格」背後還是藏着更深

的原因。如果要打破砂鍋紋（問）到底，則「技術性格」還不能算是「底」。「道德律」這個形而上學的問題最終還是避免不了的。

說到這裏，不免又要聯想到中國傳統文化的特點（且不說是缺點或弱點吧），特別是中國傳統哲學何以未能像西方哲學那樣產生出自然科學來。我覺得，中國傳統文化有兩個相互抵牾的品質：一曰博大精深；一曰疏可走馬。每有所發明，往往氣吞六合，然而卻不肯再深挖下去。有論者說，中國哲學的精髓是「人學」，講人性。《中庸》云：「唯天下至誠，為能盡其性；能盡其性，則能盡人之性；能盡人之性，則能盡物之性；能盡物之性，則可以贊天地之化育；可以贊天地之化育，則可以與天地參矣。」確確實實地「極高明而道中庸」。宋儒也繼承了這個。問題是剛提出「盡人之性」就拐了彎，拐到「聖人之德」、「無人欲之私」上去了。最典型的是孟子，說：「人皆有不忍人之心」。並且舉看見小孩子落井的例子說，這時人們的怵惕惻隱之心，是發自人性之本源的，「非所以內交於孺子之父母也；非所以要譽於鄉黨朋友也；非惡其聲而然也」。後人所謂「非思而得，非勉而中，天理之自然也」。今天嘗有英雄冒險救人者，記者每喜歡問：「你當時是怎樣想的？」當時情勢可能間不容髮，來不及先想好冒險救人的政治的或道德的意義，這些思想不可能是當時「想」出來的。這樣的提問就超出了孟子的「不忍人之心」的本意。而當孟子立即由「惻隱之心」引出「羞惡之心」、「辭讓之心」、「是非之心」，並進而與「仁、義、禮、智、信」聯繫起來，則是融進了倫理道德標準，已是「不忍人之心」之「擴而充之」了。孟子的「人性」開其端，旋即沒入道德規範之

中，「人學」終成為「仁學」矣。所以我覺得中國哲學的第一性格是「仁學」而非「人學」。「仁學」本質上是政治的、倫理的哲學。西人謂為「應用哲學」，即政治社會哲學，道德文章、典章制度、行為規範均屬之。自然科學不會從這裏產生。

中國傳統哲學的第二性格屬於宇宙論，理氣心性之學可屬之。「天人合一」的大範疇，其中有與西哲本體論相類者。然而同樣沒有徹底，也是很快就拐到道德範圍裏去了。孟子說：「吾好養吾浩然之氣」。這個「氣」何所指？孟子回答說：「難言也。」到了宋儒，「氣」有些物質性了，「氣者，器也。」是與形而上的「理」相對的形而下，然而就是張橫渠講了些「氣」的種種性質，也還沒有超出古希臘時原始的唯物論。而且也不想再探究下去，很快就讓「氣」去「體仁」，從而拐到道德範疇裏去了。所以，中國傳統哲學的「理氣心性」終於也產生不出自然科學來。當今有些新儒家給「內聖外王」以新義，外延到可以包容產業革命後的現代化，則是孤陋如我者所不敢想的。在我看來，中國傳統文化，是歷史文化，我們可以因其恢弘博大而自豪，但要發展現代化，它卻幫不了多大忙，需得更新的文化來承此重任。這與民族虛無主義無關，而是實事求是的。這是另一個問題，姑不贅述。

總之，舉凡寫史，儘管史不厭詳，都是寫的這個「歷史長期性」。黃氏的《中國大歷史》是寫給外國人看的，是一種粗線條、掃描式的寫法。然而有條線串着，即「歷史長期合理性」。起決定作用的是那些長時期的基本因素，如社會經濟結構、政權性質、思想狀況等等（黃氏在《中國大歷史》中對思想狀況

着墨不多，至少沒有像《資本主義與二十一世紀》寫西歐思想狀況那樣）。在這點上，法國年鑒派的史學觀是可以借鑒的。

　　所以，中國史有中國的歷史長期合理性；西方史有西方的歷史長期合理性。言中國史則必先秦、秦漢、魏晉南北朝、隋唐、五代十國、宋元明清⋯⋯重在朝代更替，而政治文化每多連續性，多繼承而少斷裂。言四史，則必古希臘羅馬、中世紀、文藝復興及宗教革命、啟蒙運動、產業革命、近代資本主義⋯⋯重在此一階段對前一階段之否定，故屢能出新。循此歷史線索，則中西兩史都各有其可以一目了然者，對應時期的內容絕無吻合之可能，因為都有其自身的發展規律。這是指兩種社會文明相遇以前的情形，所以西歐在十六七世紀已進入近代史期，而中國不必在當時也出現了「資本主義萌芽」。然而及至兩種文明一旦相遇，有了參照，問題就多了。黃氏以 1800 年論，在西歐為拿破崙時期，在中國為嘉慶年間，兩個社會相較，中國已瞠乎其後。其實還可前推到十五六世紀，西歐科學已逾乎中國多矣。徐光啟之所以師事利瑪竇，非獨關天主教義，而尤在科學技術方面，當時的西歐已有了伽利略、哥白尼等，而開普勒、牛頓（Isaac Newton）者流也很快就要出現了，然而中國則無此類相應人物。

　　準此，所謂「歷史的長期合理性」依我看也就是自然規律一類。在一個孤立的時期內發生的某些事件或現象也許很突兀不軌，但放在長時期裏則不見得有多麼突出的意義，於歷史的整體並起不到突破的作用，歷史的整個線索亦不見得因而中斷，歷史還是朝着自然的目標前進。一個個人，乃至一個民

族，在歷史進程中表達了各種與歷史相等或相矛盾的心意，歷史仍是按照自己的計劃，然而卻是不自覺地行進。歷史似乎是盲目的，但卻有它的不自知的一定之規。歷史中不乏插曲，然而插曲再多再長，也仍然還是插曲。康德有言及此，而黃先生之「歷史經驗必於長期因果關係中得之」，而非一時偶然可致，亦與此相合。

同時，黃先生提出的「歷史的長期合理性」還包含着一層帶有革命意義的因素，即社會變革的因素，即現代化的因素。中國社會幾乎是自我循環地運行了幾千年，終於在世界性的產業革命大潮裏進行一場自我革命，這場革命的「技術性格」，用黃先生的話來表述，就是要從一個「不能用數目字管理」的社會轉變為「能用數目字管理」的社會。這種變革從全人類、全世界範圍上看也是「歷史長期合理性」的體現。對於一個地區、一個民族亦如是。依黃氏所言，「當代中國的一個不容否認的事實便是：雖然直到二十世紀二十年代，中國社會還一直是不能用數目字管理的社會，但現在則正在變成能用數目字管理的社會。許多跡象表明，中國歷史雖在前述幾章中以其與西方文明史絕不相容為特點，但終於找到了連結點而與後者扣在一起。」我想這也是「歷史長期合理性」的應有之義。我很喜歡我們的古典文化，甚至為它感到驕傲，然而它解決不了現代化的根本問題，乃是無情的事實。在這方面，西方走在了前頭，也是無情的事實。因此，中國文化需要更新，「苟日新、日日新，又日新」，其中也包括人家「用數目字管理」的那些「技術性格」。

至此，中國的大歷史，王船山視為「合古今上下皆安之，勢之所趨」，便從十九世紀中葉起開始發生斷裂，中國歷史再

也不能迴避同西方的關係，並且由此而走上了一條改組社會的革命之路——歷經洋務運動、戊戌變法、辛亥革命……以至今日的改革開放，都是在不間斷地改變那舊秩序。黃先生認為，中西兩史各有其軌跡，在兩種文明相遇之前幾乎兩不相涉。明瞭這一點是必要的，可以避免彼此生硬地套用類比。但是不能止於此，止於此便不能解釋人類歷史進入近代史期就是進入了世界性的整合趨向的時期。因此黃先生的中國大歷史觀念還有第二層意思，即世界史和中國史之不可分。黃氏認為，天下各國，無論大小，無論其歸趨被稱為資本主義還是社會主義，都要從農業社會經由商業活動而進入工業社會，則無例外。因此，可以說：「自從鴉片戰爭以來的中國歷史便是一連串的進行改弦更張的持續努力，以迎接這一挑戰。吾人銘於心的解決之道，端在於使展現在一個浩漠大陸的中國文化傳統同外洋影響實行某種融合。」

　　由於有「歷史的長期合理性」作為觀察歷史的鑰匙，所以黃氏對於前人走過的道路都寧可視為歷史中的必然（我們叫「歷史的局限性」），對於要突破歷史運命而其計不售的改革者，不作人身的、感情化的批判。我想，一個歷史學家該當有一副冷靜的頭腦。

1993 年 5 月 10 日

「院系調整」前夕的清華園

　　最近報刊多有談大學改革者，使我聯想起半個多世紀前我的一段大學生活。

　　1950 年我終於走進了清華園。那年西語系招二年級插班生，我以同等學歷考取。入學考試只考中、英、法文，不考數理化，我得以繞過我的弱項，真是天助我也。

　　現在常提到老清華的四位國學大師，其實他們在清華的時間並不長，留下來的是他們的影子和治學精神。清華園讓我景慕的則是眾多親見和耳聞的名師，他們支持着清華的盛譽：馮友蘭、金岳霖、梁思成、葉企蓀、周培源、陳岱孫、孫毓棠、雷海宗、錢鍾書、李賦寧等等，可以開出一張很長的名單。

　　我一進校門即聽說清華有「一文一武」。果然不久便在校園裏時時見到他們的身影。這二位，大名鼎鼎，令我仰視。

　　一位是潘光旦先生，人類學家、社會學家、優生學家，同時兼着圖書館館長。清華圖書館是座「聖殿」，館長必須是飽學深思之士，是很受人尊敬的，其威望不下於校長。潘先生圓圓的臉，慈眉善目，一條腿特立獨行，拄着雙拐而「步履」穩健。最引人注目的是他的煙斗，我在近十年前從他的《鐵螺山房詩草》中讀到他寫的煙斗銘文，文曰：「形似龍，氣如虹；德能

容，志於通。」「題記」云：「自製老竹根煙斗成，銘諸鬥腹。」銘文當是夫子自道。

另一位老者也天天在校園裏見到，即體育課教授馬約翰先生。清華是非常重視體育的，體育課不及格影響升級。由於有馬老在，清華的體育課具有文化內涵。老先生鶴髮童顏，特精神，每天清晨準時在新林院跑步，跑步的姿勢很美。我們喜歡聽他講課，如講奧林匹克的歷史等。他說，體育不單純練體力，還是意志的鍛煉；「君子務本，本立而道生」，體育是練「本」的。馬老有個三「ce」的理論，說體育的目的是培養人的「persistence, resistance, endurance」。英國音，押韻甚是悅耳。用今天的時髦用語，馬老是清華園的一道風景線。

總之，我到清華園的第一年，感覺真是「好極了」！

第二年，「知識分子思想改造運動」先是悄悄地，很快就大規模地在校園裏滾滾而來了。聽說潘先生受到了很嚴厲的批評，有人「揭發」他在給社會學系學生開列的參考書中，居然把《資本論》和《聖經》並列；還聽說，他管的圖書館中的書目卡，沒有把《新民主主義論》列入，那本書只和一般宣傳小冊子放在了一起……

那時的教授們，大多在解放前已經有很高成就了。然而問題在於他們都留過洋，是從舊社會過來的，沾上了或輕或重、或大或小的「歷史問題」，因此要「請」他們「自願」上台檢討自己的過去。聽眾在台下聽，提意見、批評、上綱、幫助他們「洗澡」，洗乾淨他們的舊思想。人人過關，是一次對知識分子的「下馬威」。

有兩個我親臨的例子。

一個是馮友蘭先生在文學院一級作檢討，幾次「洗」不淨，台下的提問和批評用詞都很嚴厲。群情有時還相當激昂。詳細情況記不大清楚了。我太幼稚，沒見過這陣勢，因此在以下的例子中終於出了個「洋相」。

西語系主任吳達元先生在系一級作檢討，同樣把自己的家庭出身、社會經歷、錯誤思想一一抖摟出來加以批判。台下一個勁兒地追問，弄得吳先生相當狼狽。我覺得太過分了，不懂得這種會只能是「一邊倒」的，便站起來說了一句：「我覺得吳先生已經夠深刻了……」沒想到語音未落，全場都轉過頭來盯着我；我意識到我的話不合轍，趕忙尷尬地坐下了。追問照常進行。

會後一位管我們政治思想工作的大同學立即找我談話，和顏悅色而又語重心長地說：你太小資產階級溫情主義了，你這不是幫助吳先生改造；「根子」在於你的家庭和社會影響，是封建思想和資產階級思想在你身上的反映。他還講了些別的，但這幾句我記得最清，以至在以後每當需要做自我批評時，便想起了這條「根子」。

1951 年，是各種政治運動集中開鑼的年份。為了幫助青年學生改造思想，我們分批被派去參加各種社會實踐。我被調去參加一個「三反、五反」的工作組，去查一個開珠寶玉器店的資本家的帳，一去好幾個月，離開了校園，自然也就離開了教室和書桌。後來我和不少同學又被派出參加新中國成立後第一次在北京召開的國際會議（「亞洲、太平洋區域和平聯絡會

議」）的工作，前後半年多。在這期間學校是怎樣上課的，我們都不知道了。

1952 年，一聲「院系調整」令下，清華大學一下子沒有了自己的文科，支撐清華文科盛譽的師長和他們的學生們，併入已從沙灘紅樓遷到原燕京大學校址（燕園）的北京大學。所以，我在清華園滿打滿算不足兩年。

2003 年 9 月 25 日

啟蒙在中國

看的是歐洲‧想的是中國──中國知識分子與中西文化　　陳樂民

　　廣東《開放時代》2006 年第三期載長文：杜維明、黃萬盛、秦暉、李強、徐友漁、趙汀陽等的「『啟蒙的反思』學術座談」，長達五十頁。在諸多發言中，我很贊同高全喜、徐友漁等幾位的看法。杜維明先生等天馬行空，漫羨而無所歸。無論是誰的發言，無論我是否贊同，都啟發我進一步確認歐洲啟蒙思想之重要性，更確信吾國吾民之所缺者正是持續不斷的啟蒙而無疑。於是有感如下。

　　第一，一部西方思想史，實質上就是一部啟蒙思想史。

　　平常提到「啟蒙時代」多指十八世紀的法國，其實若通觀西方思想史，則從柏拉圖至康德莫不是在川流不息的「思想啟蒙」之中。若以近代思想論，則法國的「啟蒙時期」是受荷蘭和英國的很大推動和影響的。我設想，如果沒有培根、牛頓、洛克在前，則伏爾泰、孟德斯鳩（Montesquieu）則難有後來的思想成就；而洛克之所以有《政府論》，除有本國的經驗和傳統外，還與他多年流亡歐洲大陸，尤其是在荷蘭受到自由主義和宗教寬容的薰染，大有關係。英國的經驗使伏爾泰、孟德斯鳩，乃至狄德羅（Denis Diderot）等在相當大的程度上擺脫了從笛卡爾到萊布尼茨的唯理思路，而吸收了英國經驗主義的營養。而從另一方面看，洛克雖然是笛卡爾的批評者，但他同時承認，把他從空洞的經院「邪路」上拯救出來的，正是笛卡爾。

歐洲近代思想的生動活潑，絕不能用任何成說加以框限。

第二，歐洲的啟蒙不是「運動」。

在英、法、德文中，啟蒙因其特殊的歷史意義（第一個字母）習慣用「大寫」（Enlightenment, Lumières, Aufklärung），並無「運動」之意。譯成「啟蒙運動」便可能在一般中國人當中引起習慣性的誤解，中國人根據自身經驗可能把「運動」理解為「運」而「動」之，是有領導、有組織，並有某種要達到的預設目標的「運動」。西方的啟蒙不是這樣的。它是自然、自發、在日常進行的具有廣泛社會影響和久遠歷史價值的精神和心智活動。它或許是個人的，也可以是許多受過高等教育的哲學家、科學家、藝術家、史學家、社會學家、文學家、新聞記者等等在思想和知識交流中播種下可以提升人類價值和品位的精神種子，這些種子即使不能立竿見影地見出效果，也將（這是更重要的）在將來結出果實。啟蒙思想家們之間沒有入主出奴的一致意識形態，他們都是獨立的、自由的、見解互有同異的人。他們沒有統一的「教條」，更不相互依傍，但他們有一些非常重要的共同點，例如都提倡思想和言論的開放性、知識的普遍性，由此必然催生民主、自由、平等等人類進步理念和制度的誕生和對人權的絕對尊重。十八世紀的法國啟蒙思想家孔多塞（Marquis de Condorcet）認為當時的啟蒙思想在法國要反對兩種暴政，即「政治暴政」和「宗教暴政」。康德所謂啟蒙就是敢於公開使用自己的理性（私下使用並不困難），即爭取言論自由。

因此，啟蒙不是派別活動。給《百科全書》的參加者加上「派」字稱為「百科全書派」同樣會產生中國式的誤解。

第三，對「啟蒙的反思」的理解。

啟蒙推動了西方社會的進步，這是不爭的歷史事實，歐美有些人「反思」啟蒙是不是真的起了那麼大的作用，這是從來就有的。他們即使在王權專政下，也是享有相當大的發表意見的自由度的。一是王權專制下的「文網」沒有我們想像的那樣密不透風，總留下許多空隙。伏爾泰、狄德羅、盧梭（Jean-Jacques Rousseau）等等都受過檢查部門的不同程度的「整肅」，但是《百科全書》還是出了，伏爾泰在巴黎待不住，到巴黎以外照樣寫，照樣發表意見，死時全社會向他致敬。二是啟蒙思想家之間，是真正的百家爭鳴，他們沒有定於一尊的意識形態和思想。伏爾泰與盧梭私誼不佳，盧梭晚年孤獨地散步時回顧一生，還對伏爾泰的舊怨念念不忘，但並不妨礙他們各自對公眾和後世所起的振聾發聵的啟蒙作用。康德在「自由論壇」式的《柏林月刊》發表〈回答這個問題：甚麼叫啟蒙？〉，立刻引起很活躍的爭論；《柏林月刊》成了容納各種意見的中心。若要講對啟蒙進行「反思」，則啟蒙本身就是一種不斷的反思。歐美社會之所以精神活躍、生動，原因之一就是這種不絕如縷的啟蒙的反思精神在起作用。

但是現在所講的「啟蒙的反思」，恐怕在西方不是這個意思。與其說是反思，毋寧說是批判，在所謂後現代主義說來，是「否定」，是把它「解構」。大凡一種思潮的出現，姑且不論其中發表的見解是否準確，總是因時代的大變遷、社會出現了前所未有的問題或困惑而產生的。在西方（歐洲），二十世紀（特別是後半）出現了前所未有的問題，見之於政治、經濟，也見之於文化思想，引起思維方式的變化以及對歷史的反思。

「新左派」也好,「後現代」也好,各種主義也好,都是在這種時代的大震盪、大變化的背景下出現的。他們覺得,西方傳統文化已經走到盡頭,面對新問題已無能為力,包括民主、自由、科學、文明史觀等等都需要一番徹底清理。西方素來就有批判現實的傳統,這一次的則是針對着從十六世紀以來幾百年形成的精神成果的批判。但是他們的批判似乎沒有形成社會思潮的主流,而且還處在「解構」階段,解構本身就是一種過渡階段。解構了又怎樣?還沒有到回答這個問題的時候。

但無論如何,西方出現的各種「後」論,自有他們的道理。

我對「後」論毫無研究,只知他們(或他們的一些人)對啟蒙是持否定和批判態度的。張芝聯先生在一篇題為〈關於啟蒙運動的若干問題〉的文章中說,美國歷史學家、國際十八世紀研究會荷蘭主席達恩頓(Robert Darnton)教授曾撰文批駁「後現代主義」的反啟蒙言論,他把這些論點分為六點,據張文照抄如下:

一、啟蒙運動的「普世觀念」(universalism)實際上是西方霸權主義的「遮羞布」,人權只是為了破壞其他文化提供合法依據;

二、啟蒙運動是喬裝打扮的文化帝國主義,它以一種高度理性化的形式向歐洲人提出「傳播文化的使命」;

三、啟蒙運動瘋狂地追求知識,以致道德淪喪,宗教毀滅,最後引向法西斯主義;

四、啟蒙運動過分相信理性,由於僅僅依賴理性,遂使人們在非理性襲擊面前束手無策,無所適從;

五、啟蒙運動是集權主義根源之一，它為法國大革命的恐怖統治提供理論基礎，為希特拉和史太林的恐怖統治開闢道路；

六、啟蒙運動作為解決當代問題的觀點已經過時不適用，啟蒙思想家所堅持的理性工具論導致生態危機和量子一統觀……

如果達恩頓教授的綜述準確，則所謂「後」論者的「論」只能是反理性、反歷史、反現代化的。而何以插上「新左派」的招牌者，我不知是怎樣從理論上推出來的。

第四，啟蒙在中國。

這才是「學術座談」的主要內容。但若要反思這個題目，可以說許多話，但也可以說得很簡而明，即「德先生」和「賽先生」自到中國以來一百年上下，「任務」遠未完成，尤其是「德先生」的工作總是阻難重重，所以應該大力支持他們的工作。所以，如果要「反思」，就只能「反思」兩位先生，特別是「德先生」的工作何以如此艱難？從嚴復為「開啟民智」而譯書，到今天一百五十年，啟蒙在中國歷經坎坷磨難，只要懂得些中國近代史，還需詞費麼？試看今日之域中，愚昧、專斷等反現代文明的行為和現象不是時有所見、所聞麼！今天如果我們也跟西方「後」派說啟蒙已經過時，甚至理性成了萬惡淵藪，非癡人說夢而何！？啟蒙的精神說到底是理性和自由。康德的「何謂『啟蒙』？」把這個問題講透了。啟蒙有普世性。任何一個民族從不文明、野蠻、愚昧、專政、盲從的社會到文明、民主、自由、人權受到普遍尊重的社會，都必須經過啟蒙

階段，不能逾越和繞過。他說有人問他，當時的普魯士是不是啟蒙了，他回答說，不能說「已經啟蒙了」，不過可以肯定是處在啟蒙時代。今天的中國也正是如此；難道能夠說我們作為民族、作為社會，已經啟蒙了麼？「反思」中國的啟蒙，那就只能促進絕不能「促退」。

多年來，有一種人數不多、能量不小、影響有限、逆時而退的現象，就是新「左」、老「左」與舶來的「後」，有形無形地「殊途同歸」，把歷史車輪推向後轉是他們最終的「通感」。

所以，我個人認為關於啟蒙在中國的話題，並不複雜，也不需要那麼多旁徵博引，弄得高深莫測；中國仍需啟蒙，或啟蒙的任務還任重道遠，不進則退。

2006 年 6 月 2 日於京中芳古園陋室

山高水遠望斯人
—— 送別李慎之

　　2003 年 4 月 22 日上午 10 時 05 分，老李（自從我認識他之日起，一直稱呼他「老李」，今仍其舊）遠行，一下子再也看不見他的身影了。然而他的思想，他的精神，他的人格，永遠是活躍着的。他走得越遠，離去的時間越久，人們的思念將會越深，越會感到他所留給世間的是一筆獨特的、無價的精神財富。

　　老李一生閱歷既廣，坎坷尤多；於國事、天下事之思緒，猶如浩瀚大江，洶湧澎湃，不可止息。積數十年的種種切身體驗，晚歲痛感斯土斯民命運攸關之所在；為之上下求索，思之、念之，憂之，凝為痛切之心聲，發為肺腑之吶喊，著為傳誦天下之巨篇；無時不忘民族復興之關鍵最終在於民主制度的確立和自由思想的開張，屢言中華民族需要啟蒙和新生。

　　我比他小六歲，視之亦師亦友。在中國社會科學院時，他是副院長，我是同期的西歐研究所（今稱歐洲研究所）所長；他主管所謂「國際片」（即幾個研究國際問題的研究所的合稱），是我的頂頭上司。但他向來不像一個官，級別不低卻不會做官；與大家相處，毫無上下級關係之一說，彼時副院長並無專職秘書，我們到他的辦公室，無須事先通報，破門即入，可提

問，可討論，可談笑，從無隔礙，掃盡一切官場積習。但他自有自己的「領導藝術」，那就是對各種問題滔滔不絕地發議論，如果是有心人便會從中受到啟示。我即因此受益不少。僅舉一例，一次與他談及社會科學院的國際問題研究如何區別於政府職能機關的研究，我們不約而同地提出一個問題：一個國際問題研究者在社科院該具有甚麼條件？在交談中他說：他首先應該是個通才。這句話點撥了我心之所思，由此我開始探索把國際政治與文史哲相結合的思路。

老李一生中最閃光的時期是這最後二十餘年。「右派改正」以後，他決心要把由於政治運動而損失的歲月找回來，儘自己最大的可能，以最充沛的精氣神，調動他幾十年來的豐富的生活體驗、深刻的人生悟解、堅實的學養，投入到中國社會科學院的領導工作中去，用開放、開明的眼光去指導「國際片」的學術研究，尤其關注研究人員的成長。他從來不幹命題作文那樣的事。也許這在常人看來是件怪事：他並不謀求當一個研究員，更不要說甚麼「博導」，可是尊他為師的卻遍及禹域。他對創建美國研究所情有獨鍾，對他領導的「國際片」關心備至；這一點，有關各所所長們都有各自的體會。

1990 年退休以後，他的思想和精神世界進入了新的境界和高度，進入了更深層次的對歷史、現實和未來的全面思考。我同他的頻頻交往中，時時感覺到他的思想在不停頓地深化，甚至是飛躍式地進展；在對民主和自由的問題上已成系統。晚近若干年，他在小中風後體力衰弱得很明顯，加上頭痛、頸椎痛、重聽、眼疾、腿腳不靈，十分痛苦。但這都絲毫沒有妨礙他思考問題，不時提出振聾發聵的見解，在在體現出他念茲在

茲的對民族、社會和人類前途的驅之不去的關懷，在在表現出他廓然而大的理論勇氣。

老李國學根底深厚，對中國傳統文化知之甚深，這源於他的幼工，絕非一知半解強作解人而大談弘揚民族文化之輩可比。正因如此，他對傳統文化通不到現代化的問題理解至為深透。晚年他把「傳統文化」和「文化傳統」區分為兩個性質不同的概念，指出中國的歷史「文化傳統」說穿了就是從上到下的「專制主義」和從下到上的「奴隸主義」，此論甚為深刻，具有很大的理論意義；可以說是對顧準批判「史官文化」的進一步提煉和延伸，由此引發出中國現代化進程必須實行真正的民主和充分的自由。去年年底，他在電話裏跟我說：我沒有幾年可活了，我餘生唯一的、最重要的任務，就是為民主而吶喊。

……

近一年多來，他顯然更見老了，我也是病廢之身，見面聊天的機會少了，不過改成了通電話。我們在電話裏討論的問題之多之廣，誇張地說是「百科全書」式的，想到哪裏說到哪裏。回想起來，在海闊天空中，卻也有一條線可循，如傳統文化與現代化、全球化、東方文明與西方文明、儒道釋、基督教神學與科學、各種「主義」（馬克思主義、共產主義、資本主義、社會民主主義、「後現代主義」、民族主義……）、盎格魯—撒克遜文化和歐陸文化、胡適和魯迅、世界大勢、人類前途，等等，都是些大問題；而歸根到底，都歸結到民主的制度和思想言論自由這條路上去。老李講話喜歡「發岔」，一個話題說到半路就「岔」到別的話題上去，話題的轉換只能跟着轉。我們又都是聾子，以至每次電話長者非五六十分鐘莫辦。現在老李走

了，細想這些「電話討論」的內容，感到十分珍貴。如果當時記錄下來，加以整理，那無疑就是一套相當完整的「李慎之思想錄」。了解老李的人都能想見，這種「對話」，總是老李「主講」，我只有插話的份兒。他雖然對自己的看法頗為自信，卻不恥下問，所以當他問我一些事情的時候，如問我伏爾泰怎樣說、康德怎樣說、萊布尼茨是否真懂「儒學」之類的問題，就輪到我作「主要發言」了；不過話猶未了，他就如瓶瀉水般點評起來，而且不免又「岔」到別的問題上去了。

老李的思想為甚麼這樣豐富，固然主要是由於他的過人的天賦和學養；但他關注別人寫了些甚麼，說了些甚麼，也不無關係。凡他覺得有些新意的文字，不論是誰寫的，他都保存起來。我常聽他說某地的某個小青年寫了一篇好文章。他的書房裏擺着許多紙口袋，裏面按人名裝着他們的文章和剪報。這許多人中，有的是相熟或相識的，有的則根本素未謀面。他的朋友，真可說是「五湖四海」。他行年八十，精神永遠年輕、永遠開朗、永遠是「苟日新、日日新、又日新」。他對歷史是反思的，對現實是批判的，對未來是樂觀的。

老李為人非常本色，是性情中人，待人以誠，通體透明。我長期生病，他是很關心的。後來我病體轉重，發展為「尿毒症」，每周三次「血液透析」。他的問候很別致，完全是「李慎之式」的，既不噓寒問暖，也不說安慰的話，而是單刀直入地問：你只需告訴我，你將來會怎樣死法？是像××那樣緩慢地死去？還是像×××那樣突發心臟病死去？我笑笑：我大概屬於前者。他也笑着說：行，我明白了。接着嚴肅地說：你的病比我嚴重得多，保重。

　　我最後見到他，是在朋友間的春節聚會；與往日不同，他的話明顯地少；對其他人的閑談，時有一種漠然的表情，他似乎有些累，只是食慾還好。他早已扶杖而行了，而那天步履更見艱難，幾乎是「蹭」着走的。我心裏有些發緊。過幾天，他來過一次電話，這是最後一次電話了，問我邱吉爾怎樣看。他又在想甚麼新問題了。

　　不料還不到兩個月，他竟真的走了，一個眾人的真誠朋友走了，一個繼顧準之後的思想家走了。對於我個人，則少了一個知音。

　　肯定的，在不久的將來，我們將在另一個世界重逢。今天我謹以此文為他送行，並摘錄陸游祭朱熹文敬獻於靈前：

> 路修齒髦，神往形留；
> 公歿不亡，尚其來饗！

2003 年 5 月 7 日

記老李

老李（慎之）走了三年多了，在他西行啟程時，我曾以〈山高水遠望斯人〉一文送別（刊於 2003 年的《隨筆》第四期）。然而，他似乎沒有漸行漸遠，在我腦子裏的記憶中，時不時地跳出一些交往中的情形，遂擇其一二，順手寫下，聊補前文之意猶未盡。

我與老李第一次相識，是在上世紀八十年代初，我剛從外交部的國際問題研究所調到中國社會科學院西歐研究所（現歐洲研究所）；老李先於我一些時候從新華社到中國社科院任美國研究所所長。

八十年代初，社科院新成立了幾個國際問題的研究所，美國所和西歐所即屬於這樣的新所，都正值草創時期。一天上午，老李到西歐所來與主持西歐所工作的施谷同志談一些建所的實際問題；他們是革命根據地時期的老相識，到革命根據地之前分別在清華和燕京讀過書，在那裏算是「大知識分子」了。中午，施谷叫上我和老李一起在西歐所的食堂吃午飯，這是我第一次見到老李。創辦新所最大的問題是人手不夠，需要趕快「調人」。我是施谷「挖」過來的；老李說他正在辦把資中筠「挖」過來的事。當時十年浩劫剛過，「改革開放」提出不久，大家都有一種要把失去的時間追趕回來的急切心情。後來從施

谷和別人那裏得知老李的坎坷經歷，他自己也從不諱言長期當了「右派」，到「改正」時已是五十五六歲的人了。

從此我們在社科院內成了同事，他隨後當了副院長，我做了西歐所所長，接觸的機會便多了。

接觸多了我發現他是一個與眾不同的「領導」，按照通行的官銜，副院長是「副部級」，但同他交往，怎麼也看不出有個「副部」的樣子，他自己也說根本不會當「領導」。有時故意打點兒「官腔」，但總也不像；因而不免被有經驗的「下級」所問倒。我找他去「請示」工作，到他辦公室便「破李慎之門而入」，用不着先通過秘書約時間；他也沒有專職秘書，許多事都自己動手。

初識他的文采，是由於他送給我一份油印的材料（彼時尚無電腦），封皮上標題：《錢鍾書先生翻譯舉隅》，下半頁是他寫的幾句「編者前言」：

> 錢鍾書先生當代碩學，其博學多聞，覃思妙慮，並世罕儔。世人咸知先生通多國文字，顧先生鮮有譯作，唯於著述中援引外國作家之語類多附註原文，學者於此得所取則。唯零金碎玉檢索不易，爰特搜集成冊，以便觀覽。後生末學得窺雲中一鱗，證月印於千江，則此帙之輯為不虛矣。

這樣的文言文在我們「國際片」裏是很少人能寫得出的。《舉隅》就是把《管錐編》和《談藝錄》中英兩種文字對照的語句摘錄成冊。我問他是否打算發表，他說不，只油印若干份給同好者看看。然後他示意如添齊法、德、意，乃至拉丁文，那就豐滿了。我確有意把法文補上，西歐所有懂德、意文的，但

絕無這種興趣。我因事忙，法文終於沒有補上。存此一帙，竟成永久紀念矣。

老李作為副院長分工主管「國際片」各所（即世界經濟與政治、美國、西歐、蘇聯東歐、日本、亞非、東南亞、拉美八個研究所）。每隔一段時間，他便根據當時時局延請一些對相關問題較有了解的人來給各所所長講講，然後大家討論，起一個互通信息，把世界各地重點問題串通起來的作用，減少了各所各司其事、不諳全局的偏頗。

他很看重「國際片」的文風問題，常說把文章寫得「清通」，是做研究工作的起碼要求。他常舉老先生的文風為例，認為在社會科學方面，文章寫得最好的是費孝通先生；在哲學方面，文章寫得最好的是馮友蘭先生。說他們的文字深入淺出，沒有「疙瘩」，非常順暢。

他提倡學術自由，從不干預各所的具體問題，給各所以完全的自主權，更不做耳提面命和命題作文那樣的事。而是經常地思考一些帶有世界全局性的大問題，傳達給大家。八十年代初我隨他訪問美國，其間他突然對我說，他感到世界性的人口素質差異問題終將在某一天會成為衝突的根源。當時我對此問題沒有思想準備。後來想想這確是個全球性帶有趨向性的問題。試看今天的世界，特別是「冷戰後」的變化，以及亨廷頓（Samuel Phillips Huntington）講「文明衝突」的文和書，等等，再回想到他早時說過的話，會感到他所思之廣，實際上在他的腦子裏已經有了爾後亨廷頓提出的問題。他在九十年代初提出「全球化」問題，在中國即使不是最早的，也是罕見的。可見是他思考和觀察很長時日的結果，絕不是出自一時興起。

　　一次他問我，研究國際問題的人應是怎樣的人。我順口答道：首先應是「通才」。他很贊成，說：國際問題似易實難。後來我寫了一篇題為〈拓寬國際問題研究的視野〉一文，大意就是國際問題的研究需要與文史諸學相結合，即要有文史底蘊，不能滿足於材料堆砌，講「國際故事」。他看到後表示贊同，並說，我的文章只講了學科的結合，應該還講出學科的區別；文史是文化學養問題，「國際」是眼界問題，加在一起才成為「通才」。

　　熟悉他的人都知道他是一個很健談的人，朋友間相聚，只要有他在場，就是他「包場」了。不過他非常講長幼有序的「禮數」，座中如有比他年長的，他是絕不會「造次」的。如果是平輩間爭論，則非爭到底不可。

　　他同我閑談的時候很多，東拉西扯，大部分都忘了；而且是他說的多，我聽的多。但要求我為他做的具體的事只有一件：他知道我喜歡康德，要我給他摘錄一些康德關於「自由」的觀點，說實話，這是個不容易完成的「任務」，因為康德的東西是無法摘成語錄的。但我揣測他可能正在思考「自由」這個理念在文化史上的來源。我認真地摘了好幾段我認為最能反映康德有關「自由」的觀點的話。他說，「自由本是人人可以懂得的東西，康德卻說了那麼多！」

　　晚年他很重聽，我也聾了，每次打電話時間都很長，聾子對話，聲音特別響，內容總是他正在想甚麼和看到了我寫甚麼。他對我寫的東西的最大的批評，就是太短、太含蓄，他說：你為甚麼那樣「惜墨如金」？一篇說理的文章，沒有三五千字是說不透的，可是你總是話留半句，你的觀點我都贊成，但

也只有我才能看出你的下半句來。我說我的文風變不了了，寫不了很雄辯的長文章，怕是性格使然吧。一次在電話裏我跟他說某名聲很大的美籍華人學者在北京某會上含糊其詞地說似乎中國儒學對歐洲的「啟蒙」起了啟發作用，我很不贊成。他大聲說：你就該寫一篇五千字的文章，以「思想家」的姿態批評他這個觀點！我說我已在不止一篇短文中講了我對這個問題的看法了。他說「太短」，再次說也就只有他才能看出我的意思。我說我最近寫了一篇關於英國思想家是法國啟蒙時代的「啟蒙者」的文章，舉了伏爾泰、孟德斯鳩、狄德羅等人如何受到英國影響的例子。他說已看到了，你可能是很少數的人明確地這樣說的。但是我希望你針對那位美籍華人學者的話再寫一篇，要點名點姓。然而我太懶，終於沒有寫。中國的孔儒之學對歐洲啟蒙時代產生了如何如何大的影響之類的說法，在中國和國外一些人當中相當流行，至今不衰。中國人熱衷此說大半是因為因此給老祖宗的臉上貼了金，自己也覺得光彩。老李很注意這個問題。他有一次對我說，聽域外某公說，最近一位諾貝爾獎金獲得者說，孔儒之學在未來的世紀中將引領世界潮流（大意），而且上了報紙，他問我怎麼看。我說，即使有人說了這麼一句，又怎麼樣？他說，那也要弄清楚是不是有人說過這樣的話。很快他從某公那裏拿到據說刊登此語的幾份法國《世界報》，讓我看看。我仔細看了幾遍，也沒有找到有關「confusius」的一句話。總之，我覺得在許多類似的問題上，老李是我的「知音」。

確實是，我寫的東西，他都看，不時在電話裏發表評說。他看到了我寫的一篇〈陳序經與中西文化〉，打電話來說：「陳

序經可是『全盤西化』啊!」因為那段時間正是所謂「西化」被「熱批」的時候。他說,你的文章我都剪下來放在一個口袋裏了。我有一篇不關痛癢的隨筆,裏面用錯了一個典。很快就有人指出並客氣地說,也許作者「腹笥宏豐,別有所本」。某日,老李到醫院來看我,笑眯眯地從衣袋裏掏出一小塊剪報(即批評我的那篇文章)拿給我看。我說:我看到了,是我錯了。他調侃說,那你不是「腹笥宏豐」?我說,所以沒有「別有所本」。相與大笑。老李臥室裏有張木床,整齊地擺滿了一疊一疊的牛皮紙信封,從報刊上剪下的文章或資料,分門別類地分裝在這些紙袋裏,袋上註明是某人某人的文章。他剪收的文章不拘作者是否知名,年齡大小,身居何處,只要有參考價值,無論是他贊成的還是反對的,他都不拘一格,成為他「思想體操」的資源。所以,他每提出一個振聾發聵的觀點,都能貼近和反映大眾的心聲。他的文章獨具風格,卻絕不是放言空論。

〈風雨蒼黃五十年〉是他的暮年壓卷之作。細讀這篇滿懷「與時俱進」精神的文章,凡有良知、不存偏見的人都不能不為他的憂國、憂民、憂天下的情懷所感動。他退休後的十多年是他生命中最閃光的時期,所思所想莫不是為了國家、民族的進步。他常說,他的文章無一不是經過一番「動心忍性」寫出來的。訪問德國期間曾得了小中風,以後身體隨着年齡的增長,明顯地每況愈下了。但他的思想依然年輕而活躍,在住進醫院前在電話中聽到他洪亮而有些口吃的聲音:我只想做一件事,就是為民主吶喊,為民族的啟蒙吶喊。接着他冷不丁地問我:你對邱吉爾有甚麼看法?我一時回答不出,他把電話掛了。我至今弄不清他為甚麼問這個問題,他的思想又「飛」到哪裏去

了。他進了醫院就再也沒有出來。這個問題就成為他最後跟我說的話。

不久前，一個偏遠地區的青年教師在電話中對我說，他很敬佩老李；如有機會到北京，他定要向老李的遺像三鞠躬。

盛唐詩人高適有「別董大」二首，謹錄其一，以結此文：

千里黃雲白日曛，
北風吹雁雪紛紛。
莫愁前路無知己，
天下誰人不識君。

2006 年 4 月於京中芳古園陋室

李慎之去世五年祭

　　這些日子在寫「啟蒙札記」時，時常想到一個人，他是李慎之。不知不覺他已經走了五年了。一個人撒手而去之後，活着的人每每覺得時光過得特別快。他生前最後的十幾年寫了許多文章，特別神采飛揚，好像他一輩子也沒有寫過這麼多，這麼痛快。之所以想起他，部分原因是因為他最後幾年常常提到啟蒙和「五四」，說餘生都要為中國的啟蒙做些事情。至於來世麼，他說要做個中學教員，編「公民課本」，教「公民課」，那也還是屬於啟蒙的事業。誰都知道他是個憂國憂民憂天下的人。對於自己的社會和民眾，他特別感到愚昧的可怕和可憎。

　　他很知道我對啟蒙的癡迷，從來不贊成那些否定「五四」精神的言辭，所以常談論這方面的話題。記得舒蕪先生寫過一篇〈回歸五四〉，差不多時間，他也寫了一篇，題目叫〈回歸五四，重新啟蒙〉，後來又寫了一篇〈回歸五四，學習民主〉，談魯迅、胡適和啟蒙。魯迅，我所尊者也；胡適，我所重者也。不論他倆有甚麼見解不同，都是「五四」精神、啟蒙精神的先鋒。沒有他們這樣的人，中國至少在知識界裏便沒有光亮。在後一篇文章，李慎之寫道：「甚麼是啟蒙？啟蒙就是以理性的光芒照亮專制主義與蒙昧主義的黑暗。」

　　李慎之對「五四」運動有句評語，我在他的文章裏好像沒有見過。他似是說「五四」的作用是對舊制度、舊思想、舊文

化，只擦破了一層皮。那沒有説出的意思，是還要深入下去、持續下去，才能觸及舊文化的頑固的筋骨和細胞。舊的東西是很頑強的，它在不同時期可以僵而不死，可以死而復生，或者借屍還魂。

最近，有位朋友問我：啟蒙包括哪些內容？這是一個典型的中國式的問題。如説某先生是我的啟蒙老師，某事有啟蒙意義，等等。這都是正面的，泛指「從糊塗到明白」的過程。近幾年有一種從反面看啟蒙的聲音，大可怪異，大體來自所謂「後現代」的特殊思維。他們説今天是何等時代，還要啟蒙作甚？他們似乎把甚麼都看得很明白了。更有甚者，竟有説啟蒙的思維，以理性為基準，發展下去會走向專制和獨裁！我倒真的從明白變糊塗了：明明是通向自由和現代化的啟蒙，怎麼反倒通向了獨裁呢？我不想弄「明白」這類猶如病人發燒時的譫語，我還是認「死理」：康德説，啟蒙就是從一切迷信中解脱出來；黑格爾更進一步説，啟蒙與（盲目的）信仰是對立的，具有「真理性」。我們的嚴復説他翻譯西書是為了「開啟民智」。這些都是説，在這些古人的思想裏，啟蒙是前進性的，是推動先進文明的。在我國，「五四」以後一路下來，歷經溝溝坎坎，進進退退，但是不能否認，中華民族的命運必定押在是否「從糊塗到明白」的進路上，而不是相反。

人類的歷史，從遠古到如今，歸根到底是人類從糊塗到明白的進程史，是持續的、反反復復的啟蒙史。我不是所謂的「文化決定論者」（啟蒙該屬於「文化」吧），世上沒有哪一個單項的東西可以決定一切。然而我確實非常擔心：缺失了文化，社會和制度會怎麼樣？沒有自由精神的民主制度能否成立？且

不要對所謂文化問題那麼冷嘲熱諷、那麼厭惡吧。我們真的需要精神的、思想的營養。在我們迫切需要制度的改革的時候，文化是逃脫不了責任的。

李慎之這一輩子實在坎坷，沒過上幾天好日子，政治運動耽誤了他幾乎大部分壯年歲月。當他有可能稍微做點事情的時候，已經接近老年了。在社科院當所長、副院長的那些年，他用了全部力氣投入工作，要補回失去的時間。退下來的十多年他的光彩充分發揮出來了。他的天賦和閱歷使他對世事洞若觀火，他的責任心、使命感叫他不能絲毫忘懷國家民族的命運。他的思想長了翅膀，年輕、有力、敏銳而執着，那樣具有批判性和前瞻性。他拼了命似的為民主自由在中國的土地上生根成長而鼓呼。一次他說，他每篇文章都是經過一番「動心忍性」寫出來的。我因為正在整理啟蒙的材料，所以想到李慎之也就只聯繫到他對中國啟蒙的期待和信念。實則他關注的事實在太多，到了晚年，一切事關民族苦難和對未來的懸念都積郁心中，一發不可收拾。他在76歲的時候，寫了這樣一段「自述」，抄在下面，以紀念五年前離去的這位「啟蒙思想家」：

> 我還是一個膽小鬼。八十年代，我雖然也在若干全國性的學會當領導，出席各種學術會議，高談闊論，但是並不敢寫甚麼文章，原因只是因為心有餘悸，怕讓人抓住把柄。九十年代開始，有時也敢寫點文章了，然而瞻前顧後，不敢盡詞而且一年頂多也不過一兩篇到五六篇。因此至今還沒有出過一本文集，雖然倒也時時為別人的文集寫序。現在的計劃是：到八十歲的時候，寫一篇《八十自述》，再把近年來的文章編一個集子，也算是活了一輩子的紀念。我雖然歷

來主張學有宗旨，但是因為自己學無專長，寫作範圍十分散漫，不成體系。只有一個大體上的中心，即總是為中國的民主自由呼號。這是來源於在中學時代受康德的一句話的影響：以提高人的地位為平生志願。

這段不算長的文字，完整地反映了他的晚年，也可說是一生的寫照。他差一年沒有活到 80 歲，因此沒有按計劃編成自己的文集（幸好他身後好心人為他編輯了文集）。他的文章的讀者老中青都有，可謂不脛而走。尤其是散見各地的青年人，由於讀他的文章而受到啟蒙和啟發的，不知有多少。此所謂：

> 莫愁前路無知己，
> 天下誰人不識君。

2008 年 4 月中旬於京中芳古園陋室

給朱尚同的信

尚同兄大鑒：

8 月 5 日大函及余孚長文並收到。余孚的文章，只一目十行地看過；它涉及歐洲文明史諸多問題，容當仔細閱讀；尊函讀了兩遍，很佩服您如此執着地探討問題的精神。有些想法寫出請您指正，不是對余文的反應。

我對馬克思和「馬克思主義」實在沒有認真研究過。吳江著文《重讀馬克思》，我是沒有「重讀」的資格的。由此我想把我的一些「老底」揭給您看看，權作閑談，從中您可能了解到我對馬克思的了解實是半瓶子醋也。

在 20 歲以前，我連馬克思這個名字都不大知道；偶然聽說，只曉得他是德國人，是共產黨的祖師爺。解放後在大學有政治課，是上大課，講的道理，左耳進，右耳出；馬克思的書則根本沒唸過。

1953 年參加工作後有所謂政治學習，規定每天晨讀一小時，有人輔導，唸的是史太林（Joseph Stalin）的《聯共（布）黨史簡明教程》和列昂節夫（Aleksei N. Leontiev）的《政治經濟學》，根本學不進去。再往後到了國外，讀了《共產黨宣言》，也是糊裏糊塗。還讀了一本列寧的《國家與革命》。六十年代，由於工作需要，非常認真地、幾乎逐字逐句地讀「國際

共運大辯論」時期的「九評」，有些話都能背得出。馬克思、恩格斯等卻沒有在閱讀之列。所謂馬克思主義云云，在當時的我不過無異於高在雲端裏的「神聖符號」而已。

讀了不少的馬列竟是在「文革」後期當了半個逍遙派的時期。按照那時的「號召」學馬列，似懂非懂地讀了一些。如《法蘭西內戰》、《法蘭西階級鬥爭》，還有列寧、史太林、毛澤東的東西等等。馬克思的代表作《資本論》、《剩餘價值論》之類，到今天也沒有讀過。

算是比較鄭重其事地唸了幾本，已是八十年代後半以及九十年代了。這段時間，我從國際問題轉向文明史，主要是思想史；那是我從宋明理學轉彎抹角通向萊布尼茨、康德哲學的時期（受了王國維和馮友蘭的啟迪）。發現西方文明史（或說文化史、思想史）是一扇大窗戶，推開來望去竟是一片絢麗奪目、色彩斑斕的風景。我在其中感到陶醉、不能自拔。使我首次有這種感覺的，是我在圖書館裏找到的厚厚的兩大本上、下卷英文的《西方文化遺產》（*Western Cultural Heritage*），裏面摘錄了柏拉圖、亞里士多德、新舊約、聖‧奧古斯丁、西塞羅（Marcus Tullius Cicero）、阿奎那、培根、霍布斯（Thomas Hobbes）、洛克、盧梭、伏爾泰、孟德斯鳩、亞當‧斯密（Adam Smith）、康德、黑格爾等等，以及聖西門（Henri de Saint-Simon）、歐文、馬克思、蒲魯東（Pierre-Joseph Proudhon），直至尼采等等的文字。我狼吞虎嚥地（當時的心情幾乎是如饑似渴）讀了這兩大厚本。這番「粗讀」為我勾畫出一個西方文化史的大致輪廓。

在通讀了這些之後，又重點選讀了其中的若干。例如十三世紀神學家阿奎那的《神學大全》。為甚麼選讀阿奎那呢？這有個插曲，還在六十年代，一次參加周總理接見外賓，他突然對在座的中國人說：應該好好研究研究阿奎那。為甚麼？他沒有說。估計在座的沒有人注意到這句話。但我卻記住了這話。出於好奇，找來讀時已是八十年代末了。讀後沒發現甚麼特別的，只發現阿奎那說人的認識有三個層次：一、一般的、普通的、世俗的認識，用不着去問上帝；二、再深一些就要求教「天使」；三、最深一層的認識，就非靠上帝不可了。這等於把人的認識的一大部分從「神」那裏剝離出來了。這不是阿奎那的「革命意義」麼？阿奎那與但丁屬於同一時期，「人」已經開始從「神」分離了。周總理讓大家讀阿奎那是不是這個意思，我不知道。但這對我很重要，我由此沿下來通向了康德以及馬克思的「人是目的，而不是手段」，我後來弄懂了對「人」的認識，是西方思想史的一條不可須臾離也的認識路線。由此我自覺大開眼界，此已是九十年代，歲月蹉跎，朝聞道，夕死可矣。

在讀這些東西的過程中，馬克思幫了我的大忙。有兩次關注馬克思提一下。一次是九十年代初提出「全球化」，發現過去讀《共產黨宣言》都白讀了。到這時我腦子裏才有了「世界歷史」的觀念。從此我一讀再讀三種外國書，第一是康德，第二是黑格爾，第三是洛克、休謨。我發現馬克思既化解了前人，又把一切都政治化了，也可以說實用化了。他的思想亮光不幸被埋沒在裏面了，以致多種顏色混雜一處，只露出了鬥爭哲學和「無產階級專政」。我很為馬克思可惜，他的過人才華被自己扭曲了。

道奇先生是老革命家，他審視和研究馬克思是從一個政治家的眼光看的。我是書生，角度不同，我傾向於把馬克思看作是西方思想史中的一員。馬克思是一家，而不是唯一。我在最近一篇評介陳衡哲的《西洋史》的文章中借陳衡哲之口提到這個看法。

再一次引起我對馬克思產生興趣的，是關於人道主義和「異化」的討論。這個討論一露頭便被壓下去了，周揚好不容易開了點兒竅，遭到迎頭一棒，很快病至不起，以致見了上帝。這場討論如果允許繼續下去，就必定要提出人權問題和社會主義的異化問題。這還了得！我則借此讀了些有關的馬著，主要是《神聖家族》、《政治經濟學手稿》和《德意志意識形態》的相關部分。

囉哩囉唆寫了上面這些，抱歉有擾清聽。我曾想用「馬克思學說」代替「馬克思主義」。因為「主義」往往是排他的、一元的、非此即彼的、意識形態化的。「學說」則具有廣大的包容性，是多元的，是允許不同意見的。但是，這個意見不能寫出來；寫出來要挨罵。不過我想，我今後寫文章儘可能少用或不用「馬克思主義」。

許多問題，我一直想不清楚。但我覺得把馬克思排在「西方文化遺產」的名單裏，大致沒有錯。這與您說的「旁岔」，可能不完全吻合。

貴體漸入佳境，甚可欣慰。您高齡，尚企珍攝。謹此順致

暑安

樂民謹上

2008 年 8 月 16 日

代後記

世紀感言 ——「全球化」進程中的中國

　　「全球化」現在已是掛在人人嘴邊上的名詞了。它似乎是二十世紀後二十年才時興起來的。其實,若用歷史哲學的眼光去觀察我們所在的星球,那麼可以說,人類社會自誕生以來,就註定要走向「全球化」的。地理的、民族的隔離,只是我們這個星球在亙古時期的初始現象。人要存活下去,就要勞動、要生產、要移動、要打仗;在遠古時期,人類社會便有了人與人之間、人群與人群之間的交流。一部人類文明發展史,無非是人類相互交往、組成一定的社會關係或表現為某種文明的整合趨勢或相互衝突的歷史。這種「交流」隨着時代的腳步,特別是到了近代,範圍越來越擴大,越來越沖決人類在地理人文上的隔離狀態,在邏輯上就必定蘊涵着「全球」性的「大交流」。因此,「全球化」在歷史哲學中是很容易理解的。馬克思和恩格斯在十九世紀中葉的《共產黨宣言》中提出了各民族各地區在各方面的相互往來和相互依賴的著名論點和將出現某種「世界文學」以代替「地區文學」的偉大預言,實質上已揭示出全球化的必然趨勢。

　　「全球化」說到底是發展問題。世界上各地區各民族都需要發展。必由之路是從農業社會到工業社會;如今是網絡時代,更是誰也漏不掉。只不過各民族發展有先後、程度水平有高

低、文化有差異，因而在「全球化」進程中所居的地位也就有很大差別。歐美在全球化進程中居於領先和主導的地位，是幾個世紀的歷史造成的。當西歐在近代發生種種革命性的變化並向世界輻射的時候，中國和東方還沒有走出中古社會。如果把十九世紀四十年代開始的中西兩大文明的迎頭碰撞作為中西交流的起點，那麼中國和西方當時即處於差距猶如天壤的不平等地位：西方屬於近代，而中國屬於中古，不在同一起跑線上。

有一種説法在中外都有，如胡適之論戴東原（戴震）、美國漢學家艾爾曼（Benjamin A. Elman）之論樸學的理性內涵等，認為中國在十八世紀，或在清代的康雍乾，學術思想界已有了近代的科學思維。還有的説，乾嘉學派反映了前近代的思想。這些説法忽略了當時中國社會的性質。那個時代的人，才識無論如何出眾，都不可能對社會有甚麼啟蒙性的觸動。認為中國在十八世紀有了近代思維，與硬説中國早在明代（甚至北宋）已有了「資本主義萌芽」一樣，屬於同一思路，都忽視了中華帝國封閉性的嚴重程度。它如同一個密封的罐頭筒，必待外力才能打開。康有為有鑑於此，在《上皇帝書》中即明言：「若地球未闢，泰西不來，雖後此千年率由不變可也。」

但變終是要變的。自從國門被迫打開一道縫至清末民初，一潭止水的中國，同外界，主要是同泰西文明的隔絕不可能繼續下去了。當時洋務運動的一些明審之士眼睛盯住了西歐的物質文明，以為只要有洋槍炮，加上工業機器，就可以使中國改觀。另一批先進者，對西方了解比較多，看法進了一步，突破了「中體西用」的觀念。從嚴復到康梁，以及薛福成、郭嵩燾、容閎等人，認為不僅要看到物，還要看到精神。嚴復已看到「中學有中學之體用，西學有西學之體用」。郭嵩燾在《使西紀

程》中則進一步説：「西洋立國，自有本末，誠得其道，相輔以致富強，由此而保國，千年可也。不得其道，其禍亦反是。」

戊戌改良運動雖被鎮壓，但思想繼續發生作用。內外壓力迫使清廷表示要籌備「君主立憲」。五大臣放洋，雖只看到些皮毛，他們寫回的報告畢竟以讚歎的口氣敍述了他們見到的聞所未聞、見所未見的新鮮事。

世紀之交的中國經過半個世紀的遲疑和徘徊、鬥爭和鎮壓，對世界上的事已不那樣完完全全地愚昧無知了。客觀上，中國遲早裹進世界潮流，已不可避免，即孫中山所謂的「世界潮流，浩浩蕩蕩，順之者昌，逆之者亡」。

二十世紀是決定中國命運的世紀。在這一百年中，孫中山領導的國民革命推翻了綿延數千年的帝制，袁世凱、張勳之類的「復辟」鬧劇，猶如電光石火，共和立憲思想深入民眾各階層。逆潮流而動的北洋軍閥在北伐戰爭中一個個灰飛煙滅。八十年前的「五四」運動，是一場史無前例的全民捲入的愛國運動和思想啟蒙運動，同時也是一場開啟民智的運動，各種新舊思潮如潮水般在中國大地湧動，相互激蕩，開成空前的思想交鋒的真正百家爭鳴的局面。人們可以對五四運動的特徵提出各種解釋，說它是激進主義、理性主義的思想運動，是新文化運動，是打倒「孔家店」、反封建傳統的運動等等。但其中對中國前途命運最具啟蒙意義、概括得最恰當，且已成為既定觀念的，是從西方迎來的「民主」和「科學」。此後的中國歷史，有前進，有時有後退，但「民主」與「科學」是永遠需要提倡和堅持的。假如排除了德、賽兩先生，則激進也罷、溫和的漸進也罷，便無所皈依，「五四」就失掉了靈魂。

　　可以說，西洋文明之進入中國固然自十九世紀開始，大量湧進則在「五四」時期，思想自由、個性解放，成為時風；尤為有意義的，是其後續影響所及，使二十世紀二十年代到四十年代，成為古今中外思想自由交匯和相互激盪的時期，呈現出「春秋戰國以後的又一次百家爭鳴的盛況」，當時「新舊軍閥各霸一方，但它們在實行反動統治的同時，始終未能達到思想上學術上定於一尊」（周谷城語）。真真是「聖王不作，諸侯放恣，處士橫議」。馬克思主義、自由主義、理性主義，各種政治學、經濟學、哲學、社會學、自然科學，等等，爭奇鬥豔，所達到的水平，今日亦難望其項背。放眼這幾十年的中國的文化思想界，中國實已走上了接受西方文明的道路。「這就好像以鹽水來沖淡水，鹽水成分越多，則淡水中必越鹹了。」（張東蓀語）至四十年代的下半葉，要求民主、自由和人權的呼聲已經成為當時的「國統區」反對國民黨「一黨專政」、鎮壓人民自由的浪潮。

　　中華民族的命運真是不幸！一切的一切都繫於各種戰爭的結局。在全國抗戰和繼後的全面內戰的非常時期中，不可能認真地提出國家的發展問題，上述中外古今匯合的局面亦大為受阻，幾至中斷。

　　從 1949 年中華人民共和國誕生起至 1976 年的大約三十年當中，先是冷戰的前十來年的一邊倒，繼之則自我孤立，全國從上到下大搞政治鬥爭、階級鬥爭。在 1956 年雖曾宣告過疾風暴雨式的階級鬥爭已經結束，不過話音未落，政治運動便又以大得多的聲勢、一浪高過一浪地捲遍全國，從「反右」、「反右傾」、「四清」，直至「文化大革命」達到頂峰。工農業生產也是搞的，新中國成立後的頭十幾年生產發展、經濟增長也很見成

績，但那是採用政治運動的方式加上「計劃經濟」搞出來的，並不顧及發展生產力的科學規律和市場的規律和作用。一句「人民公社好」，舉國響應，造出了畝產萬斤的神話。那時居然有科學家跟着浮誇風轉，讓科學聽命於愚昧和狂妄，為「畝產萬斤」作出何以可能的「科學論證」！一時間，群眾像發燒般哄起，以為憑着這種冲天的熱氣和幹勁，就可以在若干年內「超英趕美」，「窮過渡」到所謂「共產主義」去。胡繩同志在他的近著中指出，這些個違背科學規律的思想只能說「在實質上屬民粹主義範疇，和馬克思主義離得很遠」。

關起大門、暗於世事，是這一長時期的基本特點，「文化大革命」則是其極端。當外界早已一日千里，新一輪的工業革命、科技革命迎來「信息革命」的年代，中國還在搞不要文化的「文化大革命」，「寧要社會主義的草，不要資本主義的苗」，以致國民經濟瀕於崩潰的邊緣，「文化大革命」後有人提出「球籍」問題，絕不是故作驚人之語。

二十世紀的最後二十年是中國現代史中最具轉折意義的二十年。轉機從此開始。我們親歷過那些對我們民族命運和前途生死攸關的重大事件，特別是「文化大革命」後撥亂反正、從以「階級鬥爭為綱」轉向以經濟建設為中心、堅持實踐是檢驗真理的唯一標準、反對「兩個凡是」、徹底否定「文化大革命」以及在此基礎上制定改革開放方略，等等。誠然每向前邁出一步都要受到各種阻力，企圖讓歷史車輪倒轉，「左」的根子實在太深太長。但是時代不同了，中國已隨着「文化大革命」的結束和對幾十年反正兩方面的經驗教訓的總結，進入了一個根本性變化的新時期。中國在二十世紀最後二十年最重要的變化，就是從「文化大革命」時及其以前的「背向世界」轉向「面向

世界」（近來一些日子，聽到一些雖然微弱但卻頻頻發出的為「文化大革命」翻案的聲音，它對未親歷過「文化大革命」災難的天真的年輕人，很可能具有錯誤的導向作用，不可不防）。

最後這二十年雖只佔一個世紀的五分之一，但它的意義和所發生的變化，遠超過了此前的任何時期。然而，由於與外部世界絕緣太久太深，差別還大得很、隔膜得很。例如，我們要參與全球競爭，要加入 WTO，談判進行得那樣艱難和曠日持久，其中固然有發達國家，特別是美國，設置種種非經濟因素的政治障礙；同時也確實有我們自己的發展水平問題。作為全球化和全球競爭的後來者，中國不得不在發達國家早已制定的條款和遊戲規則上進行討價還價。再如，在加入公民權利等許多國際公約問題上，中國也有相類似的問題。中國接觸國際上通行的準則是比較晚的，由於百年來的習慣傳統以及種種現實的障礙，中國所能承諾的與各公約所要求的普遍性準則，一直存在距離，以至在簽字加入這些公約的同時，又保留着自己的解釋和實行的權利。

近一二十年的世界發展簡直是「超時速」的，新的發明創造層出不窮，使人目不暇接。到處在討論成千倍提高效率的新技能及其給市場帶來的難以想像的衝擊力；「知識經濟」時代的到來不僅為全球化注入新的活力，而且在刷新着人們對經濟增長、技術進步、教育質量、人的素質等各方面的觀念；國家、社會、家庭、個人的作用都將受到影響和考驗。為了適應和推動「知識經濟」的發展，美國和歐盟中的許多國家都在主動地自覺地抓住這種成長中的新事物，更新觀念，採取對策，特別是對教育的發展給予了特殊的關注。

我們的改革開放才二十年，剛剛起步；每當我們趕前一步時，在我們的前頭即已又有了新東西。我們常說要有「危機感」，這絕非空口說白話，絕不是危言聳聽，我們要添補的距離還大得很，絕對沒有絲毫可以自滿自懈的理由，更不能有半點虛驕之氣。我們要做的，就是橫下一條心，實幹苦幹，把自己的事做好。在改革開放的二十年中，還有一點必須提及，就是思想解放、個人自由、民主建設，從總體上講在近半個世紀以來還是很有進展的，不斷有人倡導、推進；從八十年代中期開始，首先在知識界、思想界，各種思潮的介紹、評述和討論，一直沒有間斷過，對於活躍思想，豐富人的精神世界，推動社會進步，從長遠看，其意義不可低估。這種初見苗頭的自由討論的局面，還需要進一步形成社會風氣。將來寫這一階段的思想史時，這種討論和辯論是不可繞過的。

最後順便講幾句所謂「亞洲價值」問題。二十世紀後幾十年中，亞洲，主要是東亞，前後接踵發生了以「四小龍」為代表的「亞洲奇跡」和東南亞金融危機。這一起一伏，都聯繫着對「亞洲價值」的存在的評價問題。「奇跡」達到高潮時，經濟中心向東方轉移之聲鵲起，並極力凸顯「亞洲價值」的功效；危機來臨時，又說「亞洲價值」不靈了；而後又出現了復興和轉機時，便又說「亞洲價值」還有作用。

問題是何謂「亞洲價值」？有沒有那麼一種放之亞洲而皆準的統一的亞洲「價值觀」呢？亞洲與歐洲的歷史文化傳統很不同。歐洲有同根的文化，從小亞細亞到兩希文明，到基督教文明，以及近代的啟蒙運動、工業革命，等等，支脈雖多，但都串在一條線上，是同源異流。所以在談論歐洲文明、歐美文

明，並由此衍生出一種「西方價值觀」的時候，在認識邏輯與史實的結合上是説得順的。亞洲的情況就完全不同，不像歐洲那樣異流而同源；中國、印度、馬來的文明等都不是來自同一文化源泉，其發展毫無相同之處。有一種相當普遍而勉強的説法，即家族的、集體的或「團隊」精神，再加上儒家的倫理觀，就是「亞洲價值」。於是就出現了「亞洲資本主義」、「儒家資本主義」等等之説。這種説法在某些輿論中曾流行一時，因其説不通而幾乎銷聲匿跡。因為事實上，如上所述，根本就不存在亞洲國家共同的人文傳統及由此而支撐的亞洲經濟的振興。至於説「儒家」的影響，那更是不究事理並無限被誇大了的。曾倡言「亞洲價值」的馬哈蒂爾（Mahathir Mohamad）、李光耀，從不認為馬來西亞和新加坡認同儒家。日本受儒家影響較多，日本的中國傳統文化的研究有很深的造詣，但若談起從「明治維新」以來的經濟增長、工業化等等，所謂儒家就根本派不上用場；日本啟蒙思想家福澤諭吉在《文明論概略》中已明言之，日本的發展與儒家無關。

「亞洲奇跡」也好，金融危機也好，今後肯定會再振興也好，都最終取決於具有普遍意義的市場經濟的日臻發達、民主與法治的日漸完善、人權觀念的日益增進。

所謂「亞洲價值」，一時間在中國也頗有同情者和響應者，主要有兩方面的心理在起作用。一則以自別於在全球化居主導地位的「西方價值」。這種心理有些複雜，既要與「國際接軌」，又擔心戴上西化的帽子，始終沒有乾淨利落地擺脱姓「資」姓「社」的困擾。二則從弘揚民族傳統出發，非常樂見「儒家」的再起，如説市場經濟的思想早見於《易經》、《孟子》裏有「民

主思想」之類。總之，今日社會發展的精神因素早寓意於傳統文化中，是「古已有之」了。再退一步講，中國果然是儒文化的國家嗎？所謂儒，今天在有文化的國民中的影響已經微乎其微；70歲以下的人幾乎極少人知道「論孟」講了些甚麼。要發展高科技、要搞市場經濟、要進行國企改革、要用科技裝備農業、要發展「三資企業」、要加入WTO，要吸引外資也要到外面去投資、要實行民主和法治，總之，要以更大的步伐和膽略堅持改革、開放的總方針以實現四個現代化，等等，哪一個是從儒家來的？

其實中國的傳統文化也並不是單純的儒，簡言之，是「儒道釋」三合一。這是中國的文化遺產，它的意義寓於豐富的歷史文化，寓於尊德性、道問學。其中許多抽象的道德律具有超時空的價值，在如今人們常感歎世情淡薄、公德不昌的情況下，在我國仍應當繼承和發揚。但是若講現代化的建設問題，則傳統文化便無論怎樣也扯不上關係。

新世紀已經開始，重複地說，我認為還是鄧小平那幾句話：世界兩大主題，一個和平問題，一個發展問題，哪一個問題也沒有解決。這幾句話是一個整體；用「哪一個問題也沒有解決」來反對「和平與發展是世界兩大主題」，顯然是錯誤的。中國的改革和開放是在任何時期、任何情況下都不能有絲毫動搖的。今天如此，明天如此，以後仍如此。可以說是永恆主題。

1999年10月